Francesco Giammarco

DAS HAT ER NICHT VON MIR!

Über die Herausforderung, Vater eines Sohnes zu werden

Rowohlt Taschenbuch Verlag

Originalausgabe
Veröffentlicht im Rowohlt Taschenbuch Verlag,
Hamburg, Januar 2024
Copyright © 2023 by Rowohlt Verlag GmbH, Hamburg
Covergestaltung zero-media.net, München
Coverabbildung ullstein bild – Sportbild Schirner
Satz aus der Tiempos Text bei CPI books GmbH, Leck
Druck und Bindung Druckerei GGP Media GmbH, Pößneck
ISBN 978-3-499-01283-9

Für Laura und den OG.

Anmerkung des Autors

In diesem Buch geht es um Erinnerungen, in denen zwangsläufig auch andere Menschen außer mir vorkommen. Es wäre also falsch, diese Ereignisse exklusiv als *meine* Geschichten zu verstehen. Ohne Perspektive lässt sich allerdings kein Buch schreiben. In einem wahrscheinlich zum Scheitern verurteilten Versuch, allen Seiten gerecht zu werden, (und zum Schutze der Privatsphäre) habe ich an manchen Stellen Zeitverläufe, Orte und biografische Hintergründe leicht abgewandelt. Außerdem habe ich bis auf wenige Ausnahmen alle Namen in den hier vorliegenden Texten abgeändert. Was der Grund ist, warum viele von ihnen so langweilig klingen.

Meinen Sohn konnte ich nicht fragen, ob er in diesem Buch vorkommen will. Ich kann nur hoffen, dass er, wenn er es eines Tages liest, jedes Wort über sich als das verstehen wird, was es ist: Ausdruck unbeschreiblicher Freude und Zuneigung.

Zum Covermotiv

Das Foto auf dem Cover zeigt den dreijährigen Robert Quigley im August des Jahres 1928 in Washington, D.C. Er soll mit einem Jahr angefangen haben zu rauchen. Außerdem soll er gerne Tabak gekaut und Alkohol getrunken haben.

INHALT

Einleitung:
Bitte nicht noch mal das Ganze
11

Was heißt hier «nur» spielen?
29

Kein Spaß im Leben ohne
Alkohol und Drogen
49

Unendliches Talent
70

Liebe tut weh
(und manche mögen den Schmerz)
88

Hühnerbrust
106

Du kannst Karriere machen,
wenn du sie überlebst
120

Anleitung zum Angsthaben
152

Wie geht's euch, Männer?
164

Dank
189

DAS
HAT ER
NICHT
VON MIR!

EINLEITUNG:
BITTE NICHT NOCH MAL
DAS GANZE

Viele werdende Eltern sagen, dass es ihnen egal sei, ob sie ein Mädchen oder einen Jungen bekommen. Das hört sich vernünftig an. Schon weil der gegenteilige Satz total unmöglich klingt. «Ich wünsche mir ein Mädchen» oder «Ich hoffe, es wird auf jeden Fall ein Junge»: So reden nur Menschen – denkt man sich als *gute* Eltern –, die ihre eigenen Wünsche, Hoffnungen und Geschlechtervorstellungen in ihre armen ungeborenen Kinder hineinprojizieren. «Es ist übrigens eine Frage des Zufalls», möchte man ihnen sagen, «die Chancen stehen ganz gut, dass sich euer Wunsch nicht erfüllt.» Bei der Fortpflanzung ist ein gewisses Erwartungsmanagement generell angebracht. Man will ja keine Vorurteile gegen das eigene Kind entwickeln, bevor man es überhaupt kennt. Die müssen sich erst langsam im familiären Zusammenleben entwickeln.

Zu sagen, dass es einem egal sei, ob man ein Mädchen oder einen Jungen bekommt, ist also die vernünftigere, selbstbewusstere und zeitgemäßere Position. Sie lässt sich exakt so lange durchhalten, bis man tatsächlich das Geschlecht erfährt. Dann merkt man plötzlich, welche Präferenz man die ganze Zeit heimlich oder auch unterbewusst doch gehabt hat. Und weil man sich bisher überhaupt nicht mit der Frage des Geschlechts befasst hatte und das auch noch moralisch überlegen fand, trifft einen die Erkenntnis umso härter. Man wird übermannt von Gefühlen, die man nicht versteht, versucht sie zu verdrängen, was natürlich nicht funktioniert, und endet heulend neben einem Mülleimer vor einer Frauenarztpraxis im Hamburger Schanzenviertel, wo einen die vorbeigehenden Patientinnen entweder ignorieren oder mitfühlend angucken. Okay, der letzte Teil war vielleicht etwas spezifisch. Der ist wahrscheinlich nur mir passiert.

Der Tag hatte sehr schön begonnen, meine Frau, die in der zwanzigsten Woche schwanger war, und ich fuhren gemeinsam mit dem Rad zur Frauenarztpraxis. Es war das Frühjahr 2021, unsere Beziehung war in einem hervorragenden Zustand. Die Corona-Pandemie hatte uns, so wie viele kinderlose Paare, sehr gut behandelt. Während Eltern an geschlossenen Kitas und Homeschooling verzweifelten, genossen wir die Ruhe und die zusätzliche Zeit, welche Homeoffice und Lockdown mit sich brachten. Wir sparten uns die Fahrt ins Büro und machten schon früh am Morgen Sport. Wir sparten uns den Heimweg und kochten ausgiebig zu Abend. Wir lasen viel, richteten die Wohnung ein, fanden neue Hobbys, backten und bepflanzten den Balkon. Das Leben war schön. So schön, dass wir uns sehr darüber freuten, dass endlich mal was los war, als wir erfuhren, dass wir ein Kind erwarteten. Sicher, das Gemecker und Rumgeheule befreundeter Eltern zog einen ganz schön runter. Aber wir waren so entspannt und körperlich fit, wir waren uns sicher, das hinzubekommen. Außerdem, spekulierten wir, würden die Kitas bestimmt rechtzeitig wieder aufmachen.

Der Termin war ein besonderer. Nicht nur weil wir das Geschlecht des Kindes erfahren würden. Es war auch der erste Termin, zu dem ich mitkommen durfte, denn während der Pandemie war der Zugang zum Frauenarzt noch exklusiver geregelt als sonst. Partner waren nicht erwünscht. Alles, was ich bisher aus dieser Praxis mitbekommen hatte, waren verknitterte Ultraschallbilder, die meine Frau aus den Tiefen ihrer Handtasche zog. Entsprechend war ich sehr gespannt, und meine Erwartungen wurden sogar noch übertroffen: Die Praxis befand sich in einem schönen Altbauhaus. Durch die Praxistür trat man wie durch ein Portal in eine andere, sanftere Welt. Die Räume waren hell und schön, die Fenster groß, die Böden mit Parkett verlegt. Im Wartezimmer standen schicke Korbmöbel. Die Mitarbeiterinnen trugen normale Straßenkleidung und schauten freundlich hinter ihren großen FFP2-Masken hervor. Schwangere Frauen schoben sich in Zeitlupe durch die Gänge, als schwebten sie auf Wolken. Alles hier war weicher, wattiger als draußen, ein Ort, an dem man sich wohl- und sicher fühlen könnte. In meiner Erinnerung lief ein Band mit zartem Vogelzwitschern über ein in der Decke angebrachtes Lautsprechersystem, aber meine Frau besteht darauf, dass ich mich irre.

Im Behandlungszimmer wurden wir von der Ärztin mit einem nur aus Höflichkeit an uns beide gerichteten «Hallo, wie geht es Ihnen?» begrüßt. Sie begann sogleich, meine Frau nach ihrem Befinden zu fragen und die Antworten in ein kleines Büchlein einzutragen, in dem alle entscheidenden Informationen zu unserem ungeborenen Kind standen: Gewicht, Größe, aber eben noch nicht das Geschlecht. Ich saß daneben und schwieg, ein bisschen wie jemand, der mit einem gesetzlichen Betreuer aufs Amt geht, um etwas zu klären. Ich wusste, dass es mich anging, worüber gesprochen wurde, aber ich hatte nichts zu sagen. Ich konnte damit leben. Das Untersuchungsheft, in das die Ärztin schrieb, heißt in der Umgangssprache ja «Mutterpass», nicht «Vaterpass». Und auch wenn mein Beitrag zu dem Grund unserer Anwesenheit bei mindestens 50 Prozent lag, war mir bewusst, dass die Erwartungen an meine Rolle hier recht klar und knapp definiert waren: staunen, unterstützen, stolz sein. Ich war zu allem bereit, egal, was kommen würde.

Dann saß meine Frau schon auf dem Untersuchungsstuhl, und wir begannen, mit zusammengekniffenen Augen auf den Bildschirm des Ultraschallgeräts zu starren. Zwischen dem schwarz-weißen, irgendwie flüssig wirkenden Rauschen suchten wir nach etwas, das wie ein Genital aussah.

«Ah, da sieht man schon was», sagte die Ärztin. Ich sah nichts.

Sie drückte auf einen Knopf, und das Ultraschallgerät gab ein Klicken von sich, wie ein iPhone, das einen Screenshot macht. Ich kniff die Augen noch enger zusammen. Immer noch nichts.

«Ja, es ist eindeutig», sagte die Ärztin, «hier haben wir einen *Schniebi*.»

Das Dumme ist, dass wirklich existenzielle Informationen ein wenig Zeit brauchen, um im menschlichen Gehirn anzukommen. Während meine Frau sich wieder anzog, dachte ich nur: Schniebi, warum stört mich das? Hat es damit zu tun, dass ich aus Süddeutschland komme? Sagt man das wirklich dazu? Ist Schniedel besser? Schlimmer? Pimmelmann? Als die Ärztin zum Abschied wissen wollte, ob wir noch Fragen hätten, hätte ich – im Nachhinein betrachtet – einiges anbringen können. Zum Beispiel: Haben Sie auch Jungs? Wie erzieht man die? Wie geht's denen? Und sind diese plötzlichen Gefühle existenzieller Angst und Hilflosigkeit eigentlich normal? Stattdessen dachte ich nur: Schniebi – muss ich das auch sagen, wenn das Kind in Hamburg geboren wird? Das traute ich mich aber nicht zu fragen.

Zurück im Empfangszimmer, legte eine Mitarbeiterin meiner Frau einen großen Stapel Papiere auf den Tresen und bat sie, ihn auszufüllen. Aber ohne mich. Mir sagte sie, jetzt gar nicht mehr so freundlich, dass ich doch bitte draußen warten solle. Es sei immer noch Pandemie und ich wisse ja, die Hygieneregeln. Mein Exklusivzugang war abgelaufen. Ich verabschiedete mich höflich, ging das Treppenhaus hinunter, trat auf die Straße, nahm die Maske ab, dachte «Schniebi» – und fing an zu heulen. Nicht nur scheinen existenzielle Informationen etwas zu brauchen, bevor sie im menschlichen Gehirn ankommen. Der Körper reagiert auch früher auf sie als der Verstand. So stand ich also mit roten Augen neben einem Müllcontainer vor einer Einfahrt zu einer Privatgarage und war nicht ganz sicher, was da über mich gekommen war. Dass die Frauen, die an mir vorbeigingen, mich wie gesagt entweder ignorierten oder mitfühlend ansahen, änderte nichts. Weder an den Tränen noch an dem Gefühl, ein wirklich gruseliges Bild abzugeben. Welcher

Mann steht heulend auf der Straße vor einer gynäkologischen Praxis und flüstert traurig «Schniebi» vor sich hin?

Mir war immer klar, dass ich Kinder haben wollte. Ich habe
nur nie darüber nachgedacht, wieso. Vielleicht war es für
mich einfach normal. Meine Eltern hatten ja auch Kinder,
irgendwie war das Grund genug. Andererseits wurde mir die
Vorstellung, Nachwuchs zu zeugen, nicht gerade schmack-
haft gemacht: «Ich habe mein Leben lang Kinder um mich
gehabt. Ich will bitte noch keine Enkelkinder», sagte meine
Mutter schon zu einer Zeit, als ich rein biologisch noch gar
nicht in der Lage war, welche zu produzieren. Meine Mutter
wuchs in der Nachkriegszeit mit insgesamt vier Geschwistern auf, das muss eine harte Sache gewesen sein. Eine Art
Herr der Fliegen im Reihenhausformat. Später leitete sie
ein Heim für vernachlässigte Kinder. Einige hatten ihre
Eltern verloren, andere wurden vom Sozialamt aus ihren
Familien entfernt. Aber das waren die harmlosen Fälle: Ein
Junge dort wurde die ersten Jahre seines Lebens in einem
Bretterverschlag gehalten (nein, *bevor* er in das Heim kam!).
Er sprach nicht, sondern knurrte nur und hatte nie gelernt,
auf zwei Beinen zu laufen. In meiner Vorstellung bereitete
das meine Mutter eigentlich ganz gut darauf vor, mich und
meine Geschwister großzuziehen. Warum sie die Grenze bei
Enkelkindern zog, verstand ich nie.

Mein Vater war das genaue Gegenteil. Er bestand immer
darauf, Enkelkinder zu bekommen, obwohl ihm schon die
Vaterschaft nicht ganz leichtzufallen schien. Als er und meine Mutter entschieden, ein Kind (mich) zu bekommen, hör-
ten beide mit dem Rauchen auf. Als es dann so weit war und

meine Mutter schwanger wurde, fing er wieder an. Er sagte –
behauptet sie –, er könne nicht beides: Vater werden und
mit dem Rauchen aufhören. Ich sehe ihn praktisch vor mir,
in Sakko und Krawatte, wie er auf ein verschwommenes Ul-
traschallbild von mir guckt, mit der Zunge schnalzt und sich
eine *Camel* anzündet. Mit andauernder Vaterschaft wurde
sein Bedürfnis nach der nervenberuhigenden Wirkung des
Nikotins und der lebensverkürzenden Wirkung des Teers
noch stärker. Er stieg von Filterzigaretten auf Zigarillos um.
Zu seiner Verteidigung muss man sagen, dass er noch ein
zweites Kind bekam.

Seit mein Sohn geboren wurde, hat er übrigens aufgehört
zu rauchen. Ich versuche, das nicht persönlich zu nehmen.

Kinderlose Menschen lassen sich grob in zwei Kategorien
unterteilen: diejenigen, die sich vorstellen können, Kinder
zu bekommen. Und diejenigen, die das nicht tun. Ich gehöre
mit Sicherheit zu der ersten Gruppe, habe aber großes Verständnis für die zweite. Das war nicht immer so. Lange Zeit
verurteilte ich Leute, die keine Kinder wollten. Ich konnte
nicht verstehen, warum sie diese eine tolle Sache – diese
eine wirklich spektakuläre Sache, die Menschen können –
nicht tun wollen. Natürlich hatte ich Vorurteile. Ich fand
sie langweilig und egoistisch und ein bisschen zu sehr mit
der eigenen Bequemlichkeit beschäftigt. Dann bekam ich
ein Kind und verstand sie sofort. Mit Kind ist ein Leben in
Würde praktisch unmöglich. Manche Leute wollen eben
ausschlafen. Durchschlafen. Überhaupt schlafen. Sie wollen
Klamotten tragen, die sie mögen, und nicht in vollgekotzten
T-Shirts rumlaufen. Und wenn sie doch einmal in vollgekotzten T-Shirts rumlaufen, wollen sie sie ausziehen, anstatt

dran zu riechen und sich zu denken: Passt schon, ich gehe ja heute nur noch einmal raus. Leute, die sich nicht vorstellen können, Kinder zu haben, wollen essen, wenn sie Hunger haben, und sich nicht bei jeder Gelegenheit den Bauch vollstopfen, wie ein Kriegsreporter, der nicht weiß, wann er das nächste Mal etwas bekommt. Sie wollen ihr Geschirr in einem vernünftigen Abstand zum Tischrand abstellen, sie wollen nicht mehrmals am Tag den Boden wischen, sie wollen nicht, dass jemand Essen auf ihre weißen Wände schmeißt. Und wenn doch, dann wollen sie es selbst tun. Sie wollen aufs Klo gehen, wenn sie müssen. Vor allem wollen sie dabei allein sein.

Man muss Freude an unangenehmen Dingen haben, wenn man Kinder haben will. Es gibt viele Berufe, die so sind. Soldaten müssen es mögen, beschossen zu werden. Feuerwehrmänner müssen es mögen, sich zu verbrennen. So ging es mir immer mit Kindern. Also mit kleinen, die nicht reden können. Ich fand sie interessant und lustig, gerade weil man nie so richtig verstand, was bei ihnen los war. Und die kleinen Kinder mochten mich. Wahrscheinlich aber nur, weil ich eine Brille mit sehr dickem Rand trug, welche die Kinder mit ihren schlechten Augen wahrnehmen konnten. Mir war es gleich, ob ihre Zuneigung authentisch war. Wenn sie lächelten, war ich zufrieden. Wenn sie mich ankotzten, wusste ich, dass es Liebe war.

Im Grunde lautete die Antwort auf die Frage, warum ich Kinder wollte, ganz einfach: weil ich es kann. Was es dann umso unangenehmer machte, als ich erfuhr, dass ich es nicht konnte. Dafür war es eine gute Pointe.

Trotz meiner geringen Erfahrung mit beiden Einrichtungen traue ich mir folgendes Urteil zu: Urologische Praxen sind das genaue Gegenteil von gynäkologischen. Meine befand sich im siebten Stock eines hässlichen Siebzigerjahre-Neubaus mitten in der Einkaufsstraße. Die Sonne drang praktisch nicht ins Innere, Licht kam nur von großen Halogenlampen an der Decke, wodurch man leider jede Faser des hässlichen Teppichbodens noch genauer erkannte. Hier war nichts weich und wattig. Vor dem Empfangstresen stand ein Aufsteller mit der Bitte, die Privatsphäre der anderen Patienten zu respektieren und Abstand zu halten (schon vor Corona), was egal war, weil die Frauen am Empfang – auch hier ausschließlich Frauen – so laut sprachen, dass jeder alles mitbekam. «Das Becherchen mit dem Urin einfach in die Durchreiche stellen.» «Sie sind wegen des Spermiogramms hier, ja? Bitte noch mal Platz nehmen.» Sie waren nicht normal gekleidet, sondern trugen Uniformen, gleichfarbige Poloshirts, bedruckt mit dem Namen der Praxis. Auch waren sie nicht freundlich, sondern gestresst. Das Telefon ließen sie klingeln, sie stritten sich, wer das Faxgerät kaputt gemacht hatte, und die Becher für die Spermaproben knallten sie auf den Tresen, als spielten sie den Barkeeper in einem alten Western («Hier gibt es nur Whiskey, Fremder»). Die Becher mussten entgegen der weitläufigen Vorstellung nicht vor Ort befüllt werden, sondern zu Hause. Es überraschte mich, *wie* dankbar ich dafür war.

Das alles erinnerte mich an eine mittelmäßige Zahnarztpraxis. Nicht nur die Einrichtung. Auch die Patienten, die hier warteten, strahlten eine ähnliche Freude aus, als ginge es gleich zur Wurzelbehandlung. Niemand schwebte auf

Wolken, niemand war entspannt oder fühlte sich geschützt. Das hier war ein Krankenlager für versehrte Veteranen. Nur dass der Krieg eben ein normales Männerleben war. Man tat das Nötigste für sie. Die Gesichter im Wartezimmer waren zerfurcht und müde, die Blicke nach unten auf den hässlichen Teppich gerichtet. Als unter Fünfzigjähriger hier wurde man sofort erfasst von der widersprüchlichen Erkenntnis, dass man eine Ausnahme darstellte, dass man eigentlich nicht hergehörte und dass es doch eine unvermeidliche Tatsache war, dass man eines Tages hier enden würde, wenn der Zahn der Zeit nur lange genug an der Harnröhre nagte. Ein einziges Mal während meiner verschiedenen Besuche kam ich mit einem anderen Mann ins Gespräch: Ein achtzigjähriger Hamburger in Jeansjacke und Trucker-Cap, der lange Zeit in den USA gelebt hatte, was wahrscheinlich seine Offenheit erklärte. Er erzählte mir von einem tollen Leben. Von seiner Arbeit in der Reederei. Davon, wie das Unternehmen ihn und seine Familie in die USA geschickt hatte, um den amerikanischen Kollegen zu zeigen, wie man Schiffe baut. Er erzählte auch, dass seine Frau an Krebs gestorben und wie er daraufhin unausstehlich geworden war. Wie er sich mit seiner Tochter zerstritten hatte und nach Hamburg zurückgekehrt war.

«Hier bin ich jetzt, wo ich angefangen habe. Ich würde sehr gerne meine Enkelkinder sehen», sagte er. Dann wurde er aufgerufen. Vielleicht zu einer Prostatauntersuchung. Vielleicht zu einem weiteren vergeblichen Versuch, eine Urinprobe abzugeben.

Im Gegensatz zu Frauen, die mit etwa dreizehn zum ersten Mal zum Gynäkologen gehen – und ab dann regelmäßig immer wieder –, wird man als Mann, der irgendwann aus einem akuten Grund bei Urologen landet, in kurzer Zeit mit einem großen Haufen neuer Begriffe konfrontiert. Das Gute ist, dass man sie schnell lernt, weil einem nichts anderes übrig bleibt. Die Ergebnisse für mein erstes Spermiogramm bekam ich per Mail, etwa eine Woche bevor ich den Termin beim Arzt hatte, um den Befund zu besprechen. Auf dem Zettel standen verschiedene Zahlen und Werte, aber kein Hinweis darauf, was sie bedeuten sollten. Ich googelte mich also in die Welt der WHO-Klassifikationen ein und erfuhr: Ich litt an etwas namens OAT-Syndrom oder auch: *Oligo-Astheno-Teratozoospermie*-Syndrom. So nennt man es, wenn die Spermien zu wenig, zu unbeweglich und außerdem unförmig sind. Der Hattrick der mangelhaften Spermienqualität. Besonders schlecht schnitt ich bei der Beweglichkeit ab. Es gibt vier unterschiedliche Kategorien von Spermien. «Schnelle progressive», die können geradeaus schwimmen, und zwar sehr schnell. Die nur «progressive» genannten schwimmen ebenfalls geradeaus, lassen sich aber mehr Zeit. Die «lokal beweglichen» klingen zwar in Ordnung, sind aber nutzlos, denn sie schwimmen nur im Kreis. Zuletzt gibt es noch die «immobilen», die schwimmen gar nicht und lassen die anderen die Arbeit machen – was ein Problem ist, wenn sie wie bei mir 80 Prozent der Grundgesamtheit ausmachen. Natürlich ist die Nachricht der Unfruchtbarkeit ein Schock. Vor allem fällt es aber schwer, ein solches Ergebnis nicht als Metapher für das eigene Leben zu begreifen.

Glücklicherweise hatte der freundliche, aber unbeeindruckte Urologe auch gleich einen möglichen Grund für mein schlechtes Ergebnis parat. Ich hatte das klassische Alte-Frauen-Problem einer Krampfader entwickelt. Nur im Hoden. In den Venen um den Samenstrang hatte sich das Blut gestaut, was wiederum die Temperatur erhöhte, was wiederum den Spermien schadete. Die gute Nachricht sei, dass man die Krampfader operativ entfernen könnte, sagte der Urologe. Nicht aber, bevor man noch ein paar weitere Spermiogramme im Abstand von ein paar Monaten gemacht hätte. «Bei Spermien kommt es auf die Tagesform an», sagte er. Wie sich herausstellte, war meine Tagesform jeden Tag schlecht.

Ich bekam also eine Überweisung und rief eine Klinik an, die sich auf Hodenkrampfadern spezialisiert hatte. Eine resolut klingende Krankenschwester antwortete am Telefon. Ich erklärte mein Anliegen, und sie sagte nur: «Moment ... Am 14., um 11 Uhr.» Ich fragte, wie lange der Eingriff denn dauern und wie lange ich krankgeschrieben sein würde.

«Das ist ein ambulanter Eingriff. Eine Stunde Operation, eine Stunde Beobachtung. Dann kann der Tag für Sie weitergehen.»

Das klang nicht so schlimm.

«Wichtig ist nur, dass Sie ordentlich frühstücken. Damit Sie uns bei der Lokalanästhesie nicht umfallen.»

Das würde ich schaffen, dachte ich mir. Ich schob also alle wichtigen Arbeitstermine am 14. auf den Nachmittag und fuhr am besagten Tag mit dem Auto in die Klinik. Auf der Station empfing mich eine Assistenzärztin, der ich erklärte, warum ich da war.

«Sie sind wegen des Aufklärungsgespräches hier?», fragte sie.

«Nein, für die Operation. Ich hatte Rühreier zum Frühstück.»

Die Assistenzärztin schüttelte den Kopf: «Es ist gesetzlich vorgeschrieben, dass sie 24 Stunden vor der Operation ein Aufklärungsgespräch erhalten. Erst dann können wir sie operieren.»

Das passte mir leider überhaupt nicht in den Kram. Ich erklärte der Frau, dass ich noch nie von einem Aufklärungsgespräch gehört hatte und man mir den heutigen Tag als Termin für die OP gegeben hatte. Außerdem, sagte ich, hätte ich über die letzten Monate sehr viel Zeit gehabt, über die Operation nachzudenken, und entschieden, dass es am besten sei, wenn ich und die Krampfader getrennte Wege gingen. Die Ärztin tat, was Ärzte immer tun, wenn Patienten anfangen zu nerven. Sie bat mich, im Wartezimmer Platz zu nehmen. Dort saß ich etwa zwanzig Minuten, als ich eine laute Männerstimme aus der Richtung des Stationsflurs hörte.

«Schwester Schneider, das geht so nicht. Wir hatten darüber gesprochen.»

Daraufhin unverständliches, aber vom Ton her trotziges Murmeln von Schwester Schneider, mit der ich wohl telefoniert hatte.

«Die Leute müssen Zeit haben, darüber nachzudenken, ob sie das wollen. Wirklich.»

Noch mehr Murren. Schwester Schneider war uneinsichtig. Die Standpauke endete in einem Unentschieden.

Dann erschien ein kleiner, braun gebrannter Mann im Arztkittel in der Tür, blickte durchs volle Wartezimmer, sah mich und fragte. «Hier, sind Sie das mit der Dings ...?»

Er tippte sich mit Zeige- und Mittelfinger auf den Schritt. «Das machen wir gleich schnell, keine Sorge.»

Und so kam es, dass ich kurze Zeit später doch in den OP-Saal geschoben und mir ein OP-Tuch über die Hüfte gelegt wurde. Über die nächste knappe Stunde führte ich eine nette Unterhaltung mit dem Arzt, der wie ich aus München kam. Wir sprachen über Hamburg, den Unterschied zwischen Norden und Süden und den Zustand des Journalismus. Zu meiner großen Freude war er Abonnent der Zeitung, für die ich arbeitete. Ich hoffte, er würde sich deswegen besondere Mühe geben. Dass er operierte, merkte man nur daran, dass er ab und zu, wenn er sich konzentrieren musste, nicht auf meine Fragen antwortete. Dann schnitt oder lötete oder verklebte er irgendwas. Es hörte sich an wie ein scharfes Surren. So wie Insekten, die in einer Sommernacht an einer elektronischen Mückenfalle verbrennen.

Nach der OP wurde ich in den Aufwachraum geschoben, wo nach einiger Zeit auch der Arzt auftauchte, um sich seine Arbeit anzusehen.

«Das war jetzt schon ein richtiger Eingriff, auch wenn er ambulant war. Nehmen Sie sich ruhig auch morgen frei. Es ist sehr wichtig, dass Sie sich ausruhen.»

Ich verschwieg ihm, dass ich mich gleich wieder auf den Weg ins Büro machen würde. Um eine Frage kam ich allerdings nicht herum: ob es denn in Ordnung sei, nach der Operation und der Anästhesie Auto zu fahren.

«Wir können Ihnen nichts verbieten», sagte der Arzt, «aber unsere Empfehlung wäre es, es nicht zu tun. Sie bekommen auf jeden Fall keine Schmerzmittel, wenn Sie mit dem Auto da sind.»

Kein Problem, sagte ich. Ich wollte sowieso nicht, dass Schwester Schneider mich für einen Schlappschwanz hält.

Drei Monate später hatten sich meine Werte nicht verbessert. Ein zweites Spermiogramm, noch mal drei Montage später, brachte auch keine Veränderung. Man gibt in einer solchen Situation die Hoffnung nicht auf. Aber man beginnt sich mit einem Szenario zu beschäftigen, in dem man ein Leben ohne Kinder lebt. Interessanterweise setzt einen das fast genauso unter Druck wie der Wunsch nach Kindern. Wenn man davon befreit wird, jemand anderem ein gutes Leben zu ermöglichen, kommt unvermeidlich die Frage auf: Lebe *ich* eigentlich gut genug? Müsste die Wohnung nicht schöner, der Job geiler sein? Sollte das Extrazimmer, das aktuell noch als eine Mischung aus Arbeitszimmer und Abstellkammer missbraucht wird, weil es ja eines Tages vielleicht ein Kinderzimmer sein soll, nicht langsam in einen Sportraum oder ein Heimkino umgewandelt werden? Es gibt keinen Grund mehr für vorauseilende Bescheidenheit.

Ich weiß nicht genau, warum meine Frau dann doch irgendwann schwanger wurde. Ich weiß nur, dass eine Pandemie ausbrach und sich unser Leben änderte. Vielleicht sind lange Konferenzen schlecht für Spermien? Vielleicht verkümmern sie, wenn sie sich die immer gleiche Bürolästerei anhören müssen? Eine Art bisher unentdeckter evolutionsbiologischer Schutzmechanismus, der verhindert, dass das potenzielle Kind in unerträgliche Umstände hineingeboren wird? Wahrscheinlich lag es einfach an der Zeit, die nach der OP vergangen war. Und an den Veränderungen im sogenannten *Lebensstil*. Ich tat mit Mitte dreißig endlich das, was meine Mutter mir mein halbes Leben lang erfolglos gepredigt hatte. Ich hörte auf zu rauchen, aß mein Gemüse und machte jeden Tag Sport. Dass es also doch mit dem Kind klappte, ist etwas, das ich mir auf die Fahne schreiben kann. Ich reparierte mich sozusagen selbst. Der Tag beim Frauenarzt hätte sich wie ein Triumph anfühlen müssen. Wie die Bestätigung, dass ich es geschafft hatte, obwohl die Chancen gegen mich standen. Stattdessen heulte ich in einer Einfahrt rum.

Als ich ein Jugendlicher war, zu einer Zeit, in der es sehr schlimm um mich gestanden haben muss – ich kam nicht aus meinem Zimmer, redete selten, wahrscheinlich stank ich, vor allem aber war ich wirklich sehr schlecht in der Schule –, klopfte mein Vater an meine Tür, um «mal mit mir zu reden». Ich vermute, meine Mutter hatte ihn geschickt. Mein Vater sagte, er wisse genau, was ich durchmache. Er hätte es selbst auch erlebt. Auch er hatte die Schule gehasst, die Noten, die Lehrer, die waren am schlimmsten. «Ich habe keine Lust, das alles noch mal durchzumachen», sagte er und bat mich inständig darum, meine Pflicht zu tun. Womit gemeint war: das Minimum für die Schule zu leisten. Ich müsste nicht mal besonders gut sein. Nur so gut, dass es kein großes Thema zu Hause wäre. Damit meine Mutter aufhöre, sich Sorgen zu machen. Und er nicht retraumatisiert werde.

Diese kleine Rede hatte – Überraschung – nicht den gewünschten Effekt. Lange Zeit warf ich sie meinem Vater auch vor. Was meinst du, wie es *mir* geht, wollte ich sagen, was ich aber nicht tat, weil ich damals wie gesagt nicht redete. In gewisser Weise gab er mir aber die Folie, um zu verstehen, was mir geschah, als ich Vater wurde.

Ich glaube inzwischen, dass ich mir insgeheim ein Mädchen gewünscht hatte, um etwas Neues zu erleben. Um die Erfahrungen meiner eigenen Kindheit und Jugend zu umgehen. Ich will nicht sagen, dass es nur furchtbar war, ein Junge zu sein und – jetzt eine schlimme Formulierung, *sorry* – ein Mann zu werden. Aber ich kann auch nicht sagen, dass ich es super fand. Oder dass ich eine Ahnung hatte, was ich tat. Einen Jungen zu bekommen, hieß jedenfalls, das Leben eines Jungen noch mal zu durchleben. Und mir als Vater fiel die Rolle des Fremdenführers zu. Aber was taugt ein Fremdenführer, der keine Karte lesen kann?

Ich bin mir auch deswegen sicher, dass hier der Grund für meine Reaktion liegt, weil es mir durch eine Fachkraft bestätigt wurde. Einige Wochen nachdem ich das Geschlecht meines Kindes erfahren hatte, rief Niklas mich in meiner Mittagspause an. Niklas ist einer meiner ältesten Freunde, er ist außerdem Psychoanalytiker, weswegen er (neben Zuneigung, nehme ich an) sehr an dem Leben seiner Freunde interessiert ist. «Hey, Franci, wollt mal hören, wie es dir so geht. Hab gehört, es wird ein Junge.»

Ich beschrieb ihm, so gut es ging, meine Gefühle. Er hörte andächtig zu, und als ich fertig war, sagte er mit Stolz in der Stimme: «Mann, Franci! Super. Das ist geradezu lehrbuchhaft.»

Ich verstand nichts.

«Wenn Menschen Kinder kriegen, dann regredieren sie. Sie werden sozusagen auf ihre eigene Kindheit zurückgeworfen und durchleben alles noch mal. Das ist ein typischer psychologischer Effekt.» Es sei großartig, dass es bei mir so schnell passiert sei. Das heiße, ich sei sehr «nah» an der Erfahrung dran.

«Gut gemacht, Franci. Bravo», sagte er, als hätte ich tatsächlich etwas dazu beigetragen. Und dann fügte er hinzu, was meiner Meinung nach *sehr* therapeutisch klang, nämlich dass das natürlich auch immer eine Gelegenheit sei, zu wachsen und zu lernen. Ich fand eher, es hörte sich so an, als würde einem noch mal das eigene Leben vor Augen ablaufen, bevor man vom Lastwagen überfahren wird.

«Ja, eben», sagte Niklas, «da kann man noch mal gucken, wie das alles so war.»

Irgendwann fand ich Gefallen an diesem Gedanken. Vor allem, als ich nach einem Thema für ein Buch suchte. Aber das geschah erst einige Zeit nach dem Termin beim Frauenarzt.

Als meine Frau damals endlich zu mir auf die Straße trat, hatte sie exzellente Laune. Sie zog sich die Maske ab und lachte. «Hast du gehört? Sie hat Schniebi gesagt.» Dann sah sie mein Gesicht, und ihr Blick war genauso mitfühlend wie der der ganzen anderen Frauen, die an mir vorbeigegangen waren.

«Und jetzt das Ganze noch mal von vorne», murmelte ich.

Sie nahm mich in den Arm und sagte, sie könne das verstehen. Sie sei nie ein Junge gewesen und hätte keine Ahnung, was da alles kommt. «Aber es wird sicher sehr lustig», sagte sie, was meiner Meinung nach ziemlich unrealistisch klang.

Dann nahm sie mich bei der Hand und kaufte mir ein Eis. Es half. Ein bisschen.

WAS HEISST HIER
«NUR» SPIELEN?

Zu den ehrenvollen Aufgaben eines modernen Vaters wie mir, der sich die Kinderbetreuung gleichberechtigt mit seiner Frau teilt, gehört es, eine Kita zu finden. Die Herausforderung dabei ist nicht, einen Platz zu bekommen, sondern die Sache mit dem nötigen Ernst anzugehen. Schließlich geht es um die Zukunft des eigenen Kindes! Die meisten Kitas tun allerdings alles, um einem genau das so schwer wie möglich zu machen. Einmal gab uns eine freundliche, schon etwas ältere Kita-Leiterin nach unserer Besichtigung einen langen Zettel mit nach Hause. Darauf war aufgelistet, welches Essen die Kinder dort bekommen würden: vom Frühstück (Obst, Käsewürfel) über Snacks (Gemüsesticks, Vollkornkekse) bis zum Mittagessen («optimierte Mischkost», Fleisch und Kartoffeln, nach Möglichkeit bio, keinen Fisch aus überfischten Gebieten). Mitgebrachte Geburtstagskuchen, die nicht den Kita-Kuchen-Regularien entsprächen (kein Zucker- oder Schokoguss), würden Eltern sofort wieder zurückgegeben werden.

So genau wollten meine Frau und ich es eigentlich gar

nicht wissen. Und auch die Kita-Leiterin selbst schien sehr unglücklich über ihre Liste zu sein. Aber die Eltern in Hamburg-Ottensen – das sich in Gentrifizierung befindende Viertel, in dem wir lebten – seien in den letzten Jahren einfach *sehr* anspruchsvoll geworden, sagte sie. «Und noch einen Reiswaffel-Zwischenfall können wir einfach nicht gebrauchen.»

Einige Wochen vor unserem Besuch hatte eine Mutter beim Abholen mit Horror festgestellt, dass die Kita-Betreuerinnen ihrer Tochter eine Reiswaffel gegeben hatten. Und zwar nicht irgendeine Reiswaffel, sondern eine mit Kokos. Empört und wütend nahm die Mutter ihr Kind sofort aus der Einrichtung. Um solche Abgänge in Zukunft zu vermeiden (und wahrscheinlich, um Interaktionen mit Eltern auf ein Minimum zu reduzieren), entschied sich die Kita zu einer ernährungstechnischen Transparenzinitiative. Nach dem Motto: Folgendes bekommt Ihr Kind hier zu essen, überlegen Sie vorher, ob Sie es zu uns geben wollen.

Meine Frau sagte mir auf dem Weg nach Hause, dass sie es sehr viel beängstigender fände, das Kind den ganzen Tag bei sich zu haben, als dass es ab und zu etwas Süßes bekomme. Sie fragte mich, ob sie deshalb ein schlechtes Gewissen haben sollte. Ich verneinte und machte mir eine geistige Notiz: Reiswaffeln kaufen! Ich war inzwischen einige Wochen in Elternzeit, und das Kind war dazu übergegangen, die Gürkchen, Apfelschnitze und sonstigen gesunden Sachen, die ich ihm servierte, nicht mehr zu essen, sondern mir belustigt (und auch ein bisschen verachtungsvoll) vor die Füße zu werfen. Ich brauchte dringend eine neue Snack-Idee.

Nach der Geschichte mit der Reiswaffel wurde mir klar,

dass sich die Suche nach einer Kita zu einer ergiebigen Feldstudie über absurdes Elternverhalten entwickeln würde. Menschen machen seltsame Dinge, wenn es um ihre Kinder geht. Sie gehen bereits mit neugeborenen Babys Kitas besichtigen, um auf jeden Fall einen Platz zu bekommen, obwohl sie am Ende des Tages mehr über die Inneneinrichtung der Krippe sagen können als über die Persönlichkeit ihres blinden, bewegungslosen Nachwuchses. Oder sie schicken ihre Kinder in Einrichtungen wie jene in unserer Nachbarschaft, in denen schon Einjährige die komplette Entscheidungsfreiheit über ihre Tagesgestaltung bekommen; eine Freiheit, die meiner Erfahrung nach selbst Erwachsene in den Zustand der kompletten Überforderung versetzt. Auch ich war nicht immun gegen diese manische Fokussierung auf das Wohl meines Kindes, weswegen ich mich bei einer Kita-Besichtigung, bei der es um ein paar wenige kostbare Plätze ging, wie ein verdammter Streber meldete und der Kita-Leitung sagte, wie großartig ich das hier zu begutachtende Konzept fände – wobei ich einfach wiederholte, was ich zuvor auf der Website der Kita nachgelesen hatte. Dafür erntete ich lobende Worte von der Leiterin und verachtungsvolle Blicke von den anderen Eltern. Aber das war mir egal. Ich suchte keine Kita für mein Kind, um Freundschaften zu schließen.

Für die absurdeste Elternreaktion, die ich in dieser Zeit erlebte, musste ich nicht mal aus dem Haus gehen. Wie bei jedem normalen Menschen führte mich die Suche nach der richtigen Kita – nach irgendeiner Kita, um genau zu sein – zunächst einmal ins Internet. Auf Google Maps suchte ich nach Einrichtungen, die möglichst nahe gelegen waren.

Dabei fielen mir einige Kindertagesstätten in meiner Nachbarschaft auf, die sehr viele schlechte, geradezu wütende Google-Rezensionen hatten.

«Wie krank ist das denn?»

«Nie würde ich mein Kind in so eine Kita schicken.»

«Schämt euch!»

Was war in diesen Horroreinrichtungen bloß geschehen? Wurden Kinder geschlagen? Oder noch schlimmer? Als junger Reporter bekam ich mal den Auftrag, eine Kita in Mainz zu belagern, in der die Erzieherinnen angeblich sexuelle Übergriffe unter den Kindern ignoriert hatten. Die Rede war von Stiften, mit denen Kinder sich gegenseitig penetrierten. Ich war natürlich zu langsam, und als ich bei der Kita ankam, sah ich die beschuldigten Erzieherinnen gerade in ein Auto steigen und davonfahren. Monate später stellte sich heraus, dass es gar keine Übergriffe gab. Eine wütende Mutter hatte alles nur erfunden, um das Leben der Erzieherinnen zu zerstören. Wahrscheinlich hatten sie den Kindern Reiswaffeln gegeben.

«Böse ist, wer Böses denkt, diese Kita sollte sich schämen.»

«Macht bitte eure Kita zu! Wie es aussieht, habt ihr nicht nur den falschen Beruf gewählt, ihr seid unfähig als Erzieher.»

«Mir tun die Kinder leid, die von euch ‹betreut› werden.»

Wie sich herausstellte, hatte eine *einzelne* Kita in Ottensen vor dem Fasching eine schriftliche Empfehlung an die Eltern rausgegeben, auf Kostüme zu verzichten, die auf «kulturellen Stereotypen» basieren. Die Kinder sollten sich nicht als «Indianer» oder «Scheich» verkleiden, wenn es sich vermeiden ließ. Nach allem, was man im Netz lesen konnte, reagierte die Elternschaft darauf mindestens gespalten. Doch da hatte sich die Meldung eines «Kostüm-Verbots» schon im Internet verbreitet, woraufhin Menschen, die ihre Kinder eben nicht in der besagten Kita hatten (oder vielleicht sogar kinderlos waren), anfingen, negative Bewertungen ins Netz zu schreiben – zum Teil auch bei den falschen Kitas. Aber egal: Der Kampf um die Freiheit deutscher Kinder, sich als Indianer verkleiden zu dürfen, war den ein oder anderen Kollateralschaden wert.

«Hoffentlich bringen Eltern keine Kinder mehr zu euch, dann könnt ihr euren Laden dichtmachen! Howgh – *ich habe gesprochen. Winnetou.»*

Wenn ich versuche, den Leuten nur die besten Absichten zu unterstellen, und nicht davon ausgehe, dass sie einfach ihre Frustration und ein diffuses Gefühl von Bedrohung durch «politische Korrektheit» ins Internet hineinkippen, dann musste ich annehmen, dass der Grund für ihre Empörung wahrscheinlich folgender war: Sie fanden es unfair, dass etwas Kindliches, wie Verkleiden, mit erwachsenen Moralkategorien bewertet wurde. Oder, wie es eine wütende Rezensentin auf Google ausdrückte: «Warum werden Erwachsenenprobleme zu Kinderproblemen gemacht?» Spielen, so der nachvollziehbare Eindruck der Leute, ist doch eine unschuldige Sache.

Seit ich selbst ein Kind habe, werde ich das Gefühl nicht los, dass das irgendwie Unsinn ist. Kinder sind vielleicht unschuldig, weil sie keine Ahnung haben von der Welt. Aber ihre Spiele sind es nicht. Auch das hatte ein wütender Kommentator unter dem Google-Eintrag der Hamburger Kita erkannt – obwohl ihm vor lauter Wut wohl entgangen war, dass er seine eigene Position untergrub. Warum denn im Gegensatz zu Indianer-Verkleidungen Piratenkostüme erlaubt seien, fragte er rhetorisch. Immerhin sei die historische und gegenwärtige Piraterie doch durchaus problematisch. *«Als Indianer kostümieren ist also diskriminierend, als Mörder herumzuspazieren hingegen schick?»* Womit der gute Mann natürlich recht hatte. Wobei – früher bekamen Piraten ja Kaperbriefe von Staaten ausgestellt, die ihnen offiziell erlaubten, die Schiffe anderer Nationen zu überfallen. Und einen gut bezahlten Job im Staatsdienst, wer wünscht sich das nicht für sein Kind?

Dass Spiele nicht unschuldig sind, merkt man daran, dass sie umso unheimlicher werden, je älter die Kinder sind, die sie spielen. In meiner Studentenzeit, mit 25 oder 26, war ich mal mit einer Freundesgruppe auf einer Paintball-Ranch in Brandenburg. Sie lag auf dem Gelände einer ehemaligen Kaserne, mit ausgebrannten Häusern und einem kleinen Stück Wald. Weil die Anlage so groß war, wurden immer mehrere teilnehmende Gruppen zusammengelegt. Es waren fast ausschließlich Männer, die an diesem Tag, in alte Camouflage-Hosen und Feldjacken gekleidet, verschiedene Szenarien nachspielten. Einmal ging es darum, den unbewaffneten «Präsidenten» des gegnerischen Teams zu ermorden, ein anderes Mal, ein von Gegenspielern besetztes Haus einzunehmen und zu «säubern».

Es gab damals zwei unterschiedliche Typen Spieler: diejenigen, die Paintball ausprobieren wollten und sich das Equipment (Gewehr, Maske) vor Ort liehen – wir waren in der Mehrzahl. Und diejenigen, die ihre eigenen Sachen mitbrachten. Das waren die Profis. Einer von ihnen trug die Paintball-Version eines M16-Sturmgewehres bei sich. Es war per Kabel mit einer Gasflasche auf seinem Rücken verbunden und hatte einen sehr viel größeren Munitionsbehälter als alle anderen Gewehre. Er spielte das Spiel anders als wir Amateure: Statt von Deckung zu Deckung zu stolpern und mit abgenutzter Waffe einzelne Schüsse abzugeben, die in langen Parabeln auf ihr Ziel zuflogen, trat der Mann mit dem Sturmgewehr einfach die Tür zu einer der ausgeschlachteten Baracken ein (er trug Springerstiefel), feuerte eine Salve ins Innere und schickte dann seine minderbewaffneten Mitstreiter hinein, um die zerstreuten Reste des gegnerischen Teams zu erledigen.

Stand man auf der falschen Seite der Tür, sah man kurz Tageslicht aufblitzen und hörte gerade noch das Rattern des Gewehres, da war man schon mit mehreren Kopfschüssen aus dem Spiel genommen. So ist es wohl, bei einem Amoklauf zu sterben, dachten wir. Niemand von uns fand den Mann mit dem Gewehr süß oder witzig oder *unschuldig*. Im Gegenteil, wir waren uns einig, dass es ein grober Assi war. Die Art Mensch, mit der man nichts zu tun haben wollte, weil er offensichtlich irgendetwas kompensiert. Außer natürlich, er wurde dem eigenen Team zugelost. Dann war er unser Assi.

Als Kind hätte ich viel für diese Art Realismus gegeben. Ich hatte nur meine Fantasie. Und so friedfertig die Umstände meiner Kindheit waren, so brutal war der Inhalt meiner Spiele. Ich war Schlächter, Metzger, Henker. War Infanterist, mal Kavallerie, ganz selten General (zu wenig Action, zu viel Verantwortung). Und wenn ich heute so darüber nachdenke, dann machte ich mich der kulturellen Aneignung genauso schuldig wie einer gewissen sexuellen Übergriffigkeit. Letzterem war ich mir damals natürlich nicht bewusst. Aber das behaupten ja immer alle, die sexuell übergriffig werden.

Es gab zwei Motoren meines Spiels: die Filmsammlung meines Vaters, die er jedes Wochenende um einen Eintrag erweiterte. Die FSK-Siegel auf den dicken VHS-Kassetten verrieten, welcher Film was taugte: Gelb war langweilig, Grün war okay, Blau war gut, und Rot machte ein bisschen Angst. Und dann war da noch eine Kiste mit Verkleidungen, aus der ich jeden Tag neu wählen konnte, wer ich sein wollte. Es war eine großartige Ansammlung problematischer Figuren: Robin Hood (Vagabund, Räuber, Steuerflüchtling), Batman (Kind reicher Eltern, Hang zur Selbstjustiz, psychische Probleme an der Grenze zum *Incel*), Aladin (Dieb, Stalker, *Pick-up-Artist* und außerdem arabisch, für mich als weißes Kind also *off-limits*), Indiana Jones (Kolonialist, Grabräuber und, *urgh*, Lehrer) oder James Bond (Alkoholiker, Massenmörder und Vergewaltiger).

Diese Vorbilder lehrten mich die Regeln des Heldentums, die jedem Spiel seine Struktur verliehen. Erstens, die Gegner waren die Bösen, sie mussten um jeden Preis vernichtet werden. Zweitens, dies musste geschehen unter dem Einsatz meiner Kraft, Klugheit und meines Mutes – und mit coolen Waffen. Drittens durfte und sollte eine Frau dabei gerettet werden, die sich mir ob ihrer Rettung zu ewiger Dankbarkeit verpflichtete. James Bond, vor allem die alten Sean-Connery-Filme, zeigten mir, dass die Konzentration auf eine einzelne Frau dabei eine unnötige Beschränkung darstellt (Robin Hood, was für ein Pantoffelheld). Wobei ich nicht verstand, was man mit ihnen anstellen sollte, nachdem man sie «erobert» hatte. Ich wusste nur, dass es mit küssen zu tun hatte. Und dass man keine Hose dafür trug. «Warum läufst du in Sakko und Boxershorts rum?», fragte meine Mutter irritiert, während ich den Plot von *Thunderball* nachspielte.

Das Kämpfen war jedoch das Entscheidende: Dafür wurde mir von Eltern, Großeltern, Onkeln und Tanten – ganz grundsätzlich von Leuten, die nur mein Bestes wollten – ein Arsenal an Spielzeugwaffen zur Verfügung gestellt. Ich sammelte sie in einer großen Schublade unter meinem Bett. Dort fand sich fast alles, was die Geschichte der Kriegsführung hervorgebracht hat. Interessanterweise bekam ich meine Waffen in militärhistorisch akkurater Chronologie geschenkt. Es begann mit Pfeil und Bogen, einer Waffe, die schon in der Steinzeit zum Einsatz kam. Meinen bekam man in Plastik eingeschweißt an italienischen Kiosken, seine Pfeile waren an der Spitze mit Saugnäpfen versehen. Obwohl mir beigebracht wurde, dass man mit diesen Pfeilen nicht auf Menschen schießt, fand sich doch immer ein Erwachsener, der – wenn ich doch auf ihn schoss – spielerisch aufschrie und zu Boden ging. Die coolen Erwachsenen (meistens Männer) brüllten «Argh, ich bin getroffen», fielen hin und hielten den Pfeil so fest, dass er senkrecht aus ihren Leichnamen ragte. Die langweiligen Erwachsenen (meistens Frauen) sagten müde «Oh nein, jetzt bin ich tot» und drehten mir den Rücken zu, um sich weiter zu unterhalten.

Irgendwann kam das Holzschwert, die große Liebe meiner Kindheit. Damit durchbohrte ich die Körper meiner Feinde, brach ihnen die Knochen, schlug ihnen die Köpfe ab. Wem es gelang, meine Hiebe abzuwehren, dem rammte ich den Knauf des Schwertgriffes in den Hals, und wer es schaffte, mich von meiner Klinge zu trennen, dem stach ich mit meinem Dolch in den Sehschlitz des Helmes durchs Auge direkt ins Hirn. Ich metzelte meine Feinde zu Hunderten nieder. Ich ging durch ihre Reihen «wie Moses durch das Rote Meer» (*Braveheart*, 1997). Später kam zum Schwert noch eine Axt hinzu, und die Gliedmaßen meiner Gegner fingen an zu fliegen. Ich nahm ihnen Arme und Beine, ich schlug ihnen von oben zwischen Hals und Schulter und spaltete ihre Körper (*Rob Roy*, 1995, wobei Liam Neeson ein Schwert benutzt). Meine absolute Lieblingsgeschichte in dieser Zeit war das Nibelungenlied, besonders der zweite Teil, in dem es um Rache geht. An meiner Lieblingsstelle sind die Burgunder an Etzels Hof in einem brennenden Festsaal eingesperrt und müssen vor lauter Durst das Blut der toten Ritter trinken. Ich glaube, ich war ein richtig süßes Kind.

Die ersten paar Hundert Jahre nach der Erfindung des Schießpulvers wurden übersprungen, was wohl daran lag, dass es keine Spielzeugmusketen gab. Schade, denn ich hätte sehr gern eine gehabt (Winnetou selbst benutzte ja eine). Mit den Pistolen kam auch eine gewisse Sammelwut. Ich wollte möglichst verschiedene Modelle haben. Den Anfang machte ein Colt Perkussionsrevolver, der große Klassiker. Man konnte kleine sechsschüssige Plastikringe hineinstecken, die knallten und nach Schwefel stanken. Irgendwann kam ein Winchester-Gewehr dazu, das mit dem coolen Unterhebelrepetierer. Richtig *nerdig* wurde es aber bei den halb automatischen Pistolen, es gab ein paar, die musste ich haben: natürlich die Beretta 93, klar, (aus *Lethal Weapon*, 1987, und *Die Hard*, 1988); die Walter PPK (die Pistole von James Bond); und dann auch die Walter P99 (zu der wechselt Bond in *Der Morgen stirbt nie*, 1997). Eine Glock habe ich leider nie gefunden, dafür hatte ich irgendwann die fette Desert Eagle von Magnum (aus *Last Action Hero*, 1993) und verschiedene Versionen einer SIG Sauer (aus *Point Break*, 1991, und *Face/Off*, 1997). Die Waffen hatten kleine rote Knöpfe in den Läufen, ansonsten sahen sie ziemlich realistisch aus. Ich und meine Freunde jagten uns damit durch Münchner Hinterhöfe. Ein Bild, das man heute nicht mehr so oft sieht. Zumindest nicht dort, wo ich wohne: Kinder, die in der Öffentlichkeit mit Waffen spielen.

Das ist vielleicht blöd für die Kinder, aber irgendwie angenehmer für alle anderen. Zumindest versetzte es mich in ein gewisses Grauen, mir mein fünfjähriges Ich vorzustellen, das bis an die Zähne bewaffnet durch die Gegend lief. Was für eine Kindheit muss ich gehabt haben, fragte ich mich, dass ich mich so sehr in einen Blutrausch spielte. Dann begann ich, mich an das echte Blut zu erinnern.

Einmal während meiner Elternzeit saß mein Sohn neben mir auf dem Sofa, er muss etwa sieben Monate alt gewesen sein, da krabbelte er ohne Vorwarnung los, beschleunigte Richtung Sofakante, machte einen wirklich schönen Kopfsprung und prallte – Stirn zuerst – mit einem dumpfen Geräusch auf dem Parkettboden auf.

Er ärgerte sich sehr über die dicke Beule auf seiner Stirn. Und ich wäre wahrscheinlich auch geschockt gewesen, hätte es sich hier um einen Einzelfall gehandelt. Um die schmerzhafte Ausnahme in einer Zeit der allgemeinen Unversehrtheit. Aber dem war nicht so. Im Gegenteil, es war alles ganz normal. In jener Zeit bedeutete zu leben für meinen Sohn, sich selbst so viel Schaden wie möglich zuzufügen. Regelmäßig klemmte er sich die Finger in Türen ein, schlug sich selbst Gegenstände ins Gesicht, zog Schubladen aus Schränken und ließ sie auf seine Füße fallen oder schnitt sich an Dingen, von denen ich gar nicht wusste, dass man sich an ihnen schneiden kann. Manchmal fiel er im Sitzen einfach um.

Jedes Mal heulte er, als würde er den Schmerz zum ersten Mal spüren. Und jedes Mal dachte ich mir, wenn ich ihn tröstete: «Du Armer, wo das herkommt, gibt's noch viel mehr.»

Es stimmt, dass man sensibler wird, wenn man ein Kind bekommt. Vor allem, was körperliche Unversehrtheit betrifft. Das war sicher auch der Grund, warum die Erinnerungen an die Brutalität meiner Kinderspiele und meine kindliche Faszination mit Gewalt mich zunächst etwas betrübten. Aber dann wurde mein Sohn geboren, begann nach ein paar Monaten, die Welt um sich herum zu erkunden – und ich erinnerte mich daran, dass die Kindheit nun mal ein Blutbad ist.

Die Gewalt, die Kinder spielen, verblasst gegenüber der Gewalt, die Kinder sich beim Spielen antun. Als ich vier Jahre alt war, spielte ich in unserem Wohnzimmer Ritter. Ich saß auf der Lehne unseres Sofas, das mein treues Streitross war, und ritt durch einen dunklen Wald, als mir ein böser (und hässlicher) Raubritter entgegenkam. Ich kannte den Typen schon, es machte also keinen Sinn zu reden. Wir ritten aufeinander zu, und gerade als ich ihn mit meiner Lanze von seinem Pferd stoßen wollte, rutschte ich ungeschickt von meinem Sattel ab und knallte mit dem Kopf auf eine Heizung, die da einfach so im dunklen Wald rumstand. Es war ein alter Heizkörper mit langen scharfen Lamellen. Das Blut spritzte durch das Wohnzimmer, ich klemmte sehr unritterlich zwischen Sofa und Heizung fest, und mein Gesicht sah aus, als hätte mir der böse Raubritter mit einem Axthieb die Stirn gespalten.

Ich erinnere mich noch, wie ich durch die zufallende OP-Tür des Krankenhauses die besorgten Blicke meiner Eltern sah. Meine Mutter fürchtete wohl, dass ihr hübscher Junge das Krankenhaus weit weniger hübsch wieder verlassen würde. Und mein Vater fragte sich wahrscheinlich, wie um Himmels willen man den Kampf gegen einen eingebildeten Ritter verlor.

Es blieb nur eine kleine Narbe zurück. Kinderkörper gehen schnell kaputt, sind aber auch schnell wieder heil. So war es, als ich vom Klettergerüst fiel und mir das Handgelenk brach, und so war es auch, als ich mir mit einem Messer die Fingerkuppe abschnitt. Einmal, ich war noch sehr klein, spielte ich mit meinem großen Bruder «Rugby» in der Wohnung – ohne Ball oder Kontakt –, und ich fiel auf meinen Bauch, was ausreichte, um ohnmächtig zu werden und meiner Familie eine Todesangst einzujagen. Ein paar Jahre später, ich war inzwischen in der Grundschule, beschlossen ein paar Freunde und ich, «Rugby» auf dem Schulhof zu spielen. Mein Wissen um die Regeln hatte sich in der Zwischenzeit nicht gebessert. Ich rannte mit dem Ball auf einen Freund zu und sprang an ihm vorbei. Um mich aufzuhalten, trat er mir, so fest er konnte, in der Luft gegen das Schienbein. Ich überschlug mich einmal und landete mit dem Gesicht auf der Tartanbahn. Zu unserer großen Enttäuschung verbat uns der Schuldirektor persönlich, je wieder Rugby zu spielen.

Ein bisschen Sorgen mache ich mir also schon, wenn ich daran denke, welche Schmerzen auf meinen Sohn noch zukommen werden. Mein einziger Trost ist, dass meine eigenen Erfahrungen mich nicht besonders traumatisierten. War der Schmerz erst einmal vorbei, war eigentlich alles wieder gut. Was vielleicht auch daran lag, dass mein Vater, solange ich mich erinnern kann, immer mit sehr großer Leidenschaft von seinen verschiedenen Verletzungen erzählte. Einmal, als Jugendlicher, wollte er die Haustür seines Elternhauses auftreten. Er trat sehr fest und zielte sehr schlecht. So traf er nicht den Metallrahmen der Tür, sondern das Glas dazwischen und schnitt sich das ganze Bein auf. Immer wenn er davon erzählte, krempelte er sich das Hosenbein hoch, zeigte die Narbe an seinem Unterschenkel und sagte stolz etwas wie: «Ganz knapp an der Arterie vorbei.»

Einmal durchbiss ihm ein Nachbarshund die Hautfalte zwischen Daumen und Zeigefinger. Ein anderes Mal ließ er sich auf einem Surfbrett hinter einem Motorboot herziehen und brach sich den Finger. Weil *angeblich* kein Krankenhaus in der Nähe war, ließ er sich den Bruch von einem Tierarzt richten. In meiner Familie sind Verletzungen keine Anlässe des Bedauerns, nichts, woran man sich mit Grauen erinnerte. Es sind Geschichten, die man mit Stolz erzählt. Beweise nicht nur dafür, dass man lebt, sondern das Leben auch erträgt.

Meine Lieblingsgeschichte geht so: Mit etwa sieben Jahren stieß ich beim Spielen am Strand mit dem Fuß gegen einen im Sand vergrabenen Stein. Als ich aufgehört hatte zu weinen, sah ich, dass der Nagel meines dicken Zehs komplett zertrümmert war. Er sah aus wie ein zerbrochener Spiegel, an dem noch einzelne Splitter hingen. Ich humpelte zu meiner Mutter und bemerkte an ihrer Reaktion, dass es keine kleine Verletzung war.

«Uh, da muss man was machen. Wir holen Roberta», sagte meine Mutter. Roberta war unsere Nachbarin.

«Wieso denn Roberta?»

«Na, die ist Ärztin.»

«Aber Mama, die ist Zahnärztin.»

Meine Einwände wurden ignoriert. Roberta sagte, der Nagel würde schon wieder nachwachsen, ich sollte mir keine Sorgen machen. Dann bat sie zu meiner großen Verwirrung meine Mutter um ein Nähset. Man müsse allerdings dringend die Wunde reinigen, erklärte sie. Dann hielt sie eine Nadel unter die Flamme eines Feuerzeugs, um sie zu desinfizieren, und pulte damit den Sand aus meinem offenen Nagelbett. Es war sehr unangenehm und auch nicht schön mit anzusehen. Aber Indianerherz kennt ja bekanntlich keinen Schmerz.

Nach nur wenigen Monaten als Vater kann ich sagen, dass Kinder auch deswegen so großartig sind, weil sie eine hervorragende Projektionsfläche darstellen. Ihre Persönlichkeiten sind noch nicht ausgeprägt, und ihre Weltsicht ist etwas unterkomplex. Es bleibt also viel Platz, die eigenen Gefühle, Ängste und Unzulänglichkeiten in sie hineinzustopfen. Dass sie sich dagegen nicht wehren können, macht die ganze Sache außerdem noch sehr bequem.

Das gilt für Leute, die ihre Freizeit damit verbringen, wütende Nachrichten an Kitas in fremden Städten zu schreiben, weil sie beleidigt sind, dass ihre Winnetou-Kindheitserinnerungen plötzlich als verwerflich gelten. Und auch für Menschen, die nicht nur auf fanatische Weise ihre eigene Ernährung optimieren wollen, sondern auch die ihrer Kinder und so tun, als sei Zucker eigentlich Kokain. Oder behaupten, wenn man einem Kind ein Würstchen gebe – also verarbeitetes Fleisch –, dann könnte man ihm auch gleich eine Zigarette anzünden, denn beides verursache Krebs. So las ich es jedenfalls auf einem Blog über Kinderernährung.

Das Ganze gilt selbstverständlich auch für mich. Weil ich erstens, wie jeder durchschnittlich zufriedene Mittdreißiger, ständig in meiner Kindheit nach den Gründen für meine erwachsenen Verunsicherungen suche – als wäre ich heute emotional unzugänglich, weil mich meine brutalen Ritterspiele so abgestumpft hätten. Und zweitens weil ich viele Nachrichten lese, ständig im Internet bin, also generell auf allen Kanälen mit dem Horror und der Brutalität dieser Welt konfrontiert werde und mich darüber so hilflos fühle, dass mir nichts anderes übrig bleibt, als zu dem Schluss zu kommen, dass ein Kind auf keinen Fall Gewalt spielen darf, weil Gewalt im echten Leben einfach so schrecklich ist.

Doch auch das ist, je länger ich darüber nachdenke, irgendwie Unsinn. Mich hat es zumindest nicht besonders gewalttätig gemacht, Gewalt zu spielen. Im Gegenteil, ich war eigentlich immer ein sehr friedliches Kind. Und abgestumpft hat es mich auch nicht. Das merkte ich, als ich zum ersten Mal jemanden sterben sah. Etwas, das einfach passiert, wenn man in den Frühzeiten des Internets aufwächst.

Auf einer obskuren Seite fand ich ein Video, das zeigte, wie Taliban eine Gruppe afghanischer Regierungssoldaten exekutierten. Ich erkannte sofort, dass das nichts mit dem zu tun hatte, was ich mein Leben lang im Fernsehen gesehen oder gespielt hatte. Das Blut spritzte nicht, es sprühte in einer Art nassen Wolke aus dem Kopf des am Boden Knienden heraus. Und die getroffenen Körper wurden auch nicht durch die Gegend geschleudert, sondern sackten wie leblose Puppen in sich zusammen. Ich machte das Video nach wenigen Sekunden aus.

Dass die Gewalt, die man in Filmen sieht, nicht echt ist, hatte ich eigentlich schon immer gewusst. Mein Vater hatte dafür gesorgt. Er kaufte sich irgendwann einen VHS-Rekorder, der es erlaubte, Bilder *frame by frame*, also praktisch in Zeitlupe abzuspielen. Er zeigte mir, wie es funktionierte, als wir gerade *Indiana Jones und der Tempel des Todes* (1984) sahen. Darin gibt es eine Szene, in der ein böser Zauberer einem Mann bei lebendigem Leib das Herz rausreißt. Er greift in den Torso hinein, man sieht den Mann schreien, dann zieht er das Herz heraus, die Wunde schließt sich wie durch Magie wieder, und der Mann bleibt tatsächlich am Leben.

«Schau, wie sie es gemacht haben», sagte mein Vater. «In manchen Einstellungen siehst du das Gesicht des Mannes, da schreit er. Und in den anderen Einstellungen siehst du nur den Körper, der ist aus Gummi, wenn du genau hinguckst.»

Er drehte das Rädchen auf der Fernbedienung weiter und ließ die Szene langsam abspielen.

«Hier schreit der Mann. Jetzt Schnitt. Und hier greift der Zauberer in den Gummikörper. Es ist ein Trick.»

«Aber wie haben sie es gemacht, dass sich die Wunde wieder schließt?», fragte ich.

«Sie haben von innen ein Loch in den Gummikörper gerissen und das im fertigen Film dann rückwärts abgespielt.»

«Woah», sagte ich beeindruckt und nahm mir fest vor, bei nächster Gelegenheit die Zeitlupenfunktion des Rekorders dafür zu nutzen, die Filmsammlung meines Vaters auf Sequenzen zu durchsuchen, in denen nackte Frauen zu sehen waren.

Wie bei der Gewalt gibt es auch bei der Sache mit den Indianern einen Unterschied zwischen Fantasie und Realität. Die Indianer aus Filmen und Büchern sind oft ehrenhafte Wilde, die den weißen Cowboys in Sachen Mut und Weisheit überlegen sind. Die Realität sah anders aus – aber wie genau? Die wütenden Kita-Bewertungen im Internet, in denen sich darüber beschwert wurde, dass sich Kinder nicht als Indianer verkleiden durften, beeindruckten mich auch deshalb so, weil ich sie dümmlich und unangenehm fand und sie mich gleichzeitig daran erinnerten, dass ich eigentlich gar nichts über die Geschichte der amerikanischen Ureinwohner wusste. Ich kaufte mir also ein entsprechendes Buch und lernte unter anderem, dass die indianische Gesamtbevölkerung in Nordamerika bis 1700 von ursprünglich 5 bis 10 Millionen auf 1,5 Millionen Menschen zusammenschrumpfte. Die meisten starben wohl durch die Pocken, eine Krankheit, die die Siedler mitgebracht hatten. Viele Männer, Frauen und Kinder litten unter großen Schmerzen, bevor sie endlich starben, ihre Körper von eitrigen Pusteln überzogen. Familien wurden auseinandergerissen und ganze Dörfer dezimiert. Wer am Leben blieb, musste hungern, weil nicht mehr genug Leute da waren, um die Felder zu bestellen. Spätestens als ich zu den Passagen kam, die die Gewalt zwischen Indianern und Siedlern thematisierten, und ich von Säuglingen las, die aus den Körpern ihrer Mütter geschnitten wurden, verging mir die Lust, das Buch zu beenden.

Natürlich kann ich von einem Kleinkind nicht erwarten, so was zu wissen und zu verstehen. Aber von einem Vater schon. Es kommt am Ende also darauf an, wie viel Diskrepanz zwischen Fiktion und Realität man als Erwachsener erträgt will. Würde mein Sohn sich als «Indianer» verkleiden wollen, würde ich ihm erst mal eine Alternative anbieten. Besteht er doch drauf, würde ich ihm so viel Kontext mitgeben, wie sein kleiner Kopf verträgt.

Vielleicht werde ich ihm dann einfach *Der letzte Mohikaner* von Michael Mann (1992) zeigen. Darin gibt es die Figur Magua, einen Horonen-Chef. Maguas Erzfeind ist ein Weißer, der englische Colonel Monroe. Magua hasst diesen Mann, den er nur «Grauhaar» nennt. Denn vor vielen Jahren hat Monroe Maguas Dorf angegriffen, wobei seine Frau und Kinder gestorben sind. An einer Stelle im Film sagt Magua, der gerne in der dritten Person von sich spricht: «Wenn Grauhaar tot ist, wird Magua sein Herz essen.»

Im letzten Drittel des Filmes stoßen die beiden bei einem Hinterhalt aufeinander. Magua nimmt sich ein Gewehr und schießt auf das Pferd des Colonels, das stürzt und seinen Reiter unter sich begräbt. Dann zieht Magua sein Messer und schneidet Monroe bei lebendigem Leib das Herz heraus. Er hält es stolz in die Höhe. Essen tut er es allerdings nicht, wahrscheinlich hebt er es sich für später auf.

So oder so: Magua tut, was er verspricht. Oder, wie sie in der Kita eines guten Freundes seit Neuestem sagen: «Ureinwohnerehrenwort.»

KEIN SPASS IM LEBEN OHNE
ALKOHOL UND DROGEN

Eine Definition von Wahnsinn ist ja, immer wieder das Gleiche zu tun und ein anderes Ergebnis zu erwarten. Das klingt zunächst einleuchtend. Ich habe mich allerdings immer schon gefragt, wie oft man diese Sache tun muss, bis es offiziell ist.

Ich war vierzehn, als ich das erste Mal betrunken war. Mein Freund Niklas hatte eine große Schwester, die mit ein paar befreundeten Waldorfschülern ein Grillfest in den Tiefen des Englischen Gartens veranstaltete. Weil die große Schwester *cool* war, nahm sie ihren kleinen Bruder mit. Und weil er *cool* war, fragte er mich, ob ich auch Lust hätte. Natürlich hatte ich das. Und als ob die ganze Sache nicht schon fabelhaft genug gewesen wäre, sollte später, so sagte die große Schwester, auch noch «die Mareile» vorbeischauen. Wobei es sich um eine junge Lehrerin an der Schule handelte, die Niklas, seine Schwester und ich besuchten. Eine Frau, die als so nahbar galt, dass jeder, der es wagte, ihren Nachnamen auszusprechen, wahrscheinlich sofort mit Nachsitzen bestraft wurde.

Wir fuhren mit dem Rad durch die verworrenen Wege des Englischen Gartens, ich verlor recht schnell die Orientierung, was sich unangenehm anfühlte, allerdings nur so lange, bis wir die Grillstelle am Fluss erreichten, wo die Leute schon am Feiern waren. Die große Schwester begab sich sofort zu einer Gruppe Freundinnen, und Niklas und ich wurden in die Obhut von zwei älteren Waldorfschülern gegeben. Ich hatte keine wirkliche Ahnung, was ein Waldorfschüler war. Ich hatte gehört, dass sie zwar zur Schule gehen mussten, dort aber tun durften, was sie wollten. Was sehr viel angenehmer klang, als zur Schule zu gehen und zu tun, was man wollte, obwohl es nicht erlaubt war. Als ich die beiden Jungs sah, mit ihren Fischerhüten und nackten Oberkörpern, verstand ich sofort: Waldorfschüler waren *freier*. Und diese beiden Exemplare waren bereit, ihre Freiheit unter dem Einsatz aller ihnen zur Verfügung stehenden Mittel zu exerzieren. Im flachen Wasser des Flusses kühlten schon Bier, Wein und verschiedene Flaschen mit Spirituosen.

«Komm, wir holen die Sandy», sagte der eine, als wollte er uns seine Freundin vorstellen.

«Kommt sofort», sagte der andere und ging davon.

«Ihr werdet Sandy lieben.»

Der zweite Waldorfschüler kam mit einem langen durchsichtigen Schlauch zurück, an dessen Ende ein Plastiktrichter angebracht war. Dies sei eine Bierbong, erklärten sie uns. Die Idee sei es, den Trichter mit Bier zu füllen und ihn dann in die Höhe zu heben. Gleichzeitig müsse der Trinkende das Ende des Schlauchs in den Mund nehmen und sich hinknien. So entstehe ein Druck im Schlauch, der die Flüssigkeit in den Knienden geradezu hineinpressen würde.

Ich war nicht gut in Physik, aber die dargelegten Prinzipien leuchteten mir ein. Und so sagte ich sofort Ja, als mir die Bierbong entgegengehalten wurde. Denn erstens ist es unhöflich abzulehnen, wenn man etwas angeboten bekommt. Und zweitens gehört es sich einfach, ein bisschen Initiative zu zeigen, wenn man als Fremder auf eine Party mitgebracht wird.

«Hey, sehr gut, und das beim ersten Mal», sagte einer der Waldorfschüler, nachdem ich mir eine Dose Bier in den Kopf geschossen hatte. «Noch eine Runde?»

Ich überlegte kurz.

«Warum nicht.»

Zu meiner Überraschung war schon in der zweiten Runde kein Bier mehr zu finden, weswegen der Trichter mit Sangria gefüllt wurde. Ich nehme an, das ergab irgendwie Sinn, da Sangria einen ähnlichen Alkoholgehalt hat wie Bier. Außerdem schmeckt man sehr wenig, wenn man sich ein Getränk mit hoher Geschwindigkeit in den Rachen pumpt. Und ich würde niemandem empfehlen, Sangria langsam zu trinken.

«Jawohl, guter Mann», sagte der Waldorfschüler. Ich begann mich innerlich ganz warm zu fühlen. Vielleicht wegen des Alkohols. Oder wegen der lobenden Worte.

«Und? Noch eine Runde?»

Man kann sich nicht aussuchen, worin man gut ist, dachte ich und ging noch einmal in die Knie.

Eine Stunde später saß ich mit Niklas am Ufer des Flusses und blickte in den Sonnenuntergang, hervorragend gelaunt. Wobei es mir so vorkam, als sei ich ein bisschen besser drauf als er.

«Das war voll geil», sagte ich, «mir geht es super.»

«Ja, es ist echt lustig», sagte Niklas. Er klang ein bisschen unmotiviert. Ich beschloss, darüber hinwegzusehen. Er war bei den Jungs bei Weitem nicht so gut angekommen wie ich.

«Ja, es ist super. Ist die Mareile eigentlich schon da?»

«Ich glaube, noch nicht.»

«Ach so», sagte ich, «ha, mir geht es super.»

Der Rest des Abends ist verschwommen. Ich weiß, dass zur Freude aller die Mareile später tatsächlich noch kam. Und dass mir jemand eine Flasche Apfelkorn in den Schoß legte. Meine nächste Erinnerung ist, dass ich kotzend vor einem großen Lagerfeuer auf dem Boden zur Besinnung kam. Es war inzwischen dunkel geworden, aber die Party war noch in vollem Gange. Ich konnte es hören. Und, wenn ich das Gesicht vom Boden hob, die Silhouetten von Menschen um mich herum erkennen. Einmal kam Niklas zu mir und fragte: «Na, Franci, alles okay?»

Mir fielen einige Dinge ein, die ich auf diese Frage antworten sollte. «Hol einen Krankenwagen!», war eine davon oder auch: «Warum hat mir niemand gesagt, wie furchtbar Apfelkorn ist?», und: «Hat die Mareile mich gesehen?», vor allem aber: «Sag mal, warum geht es dir eigentlich so gut?»

Ich gab mir alle Mühe, diese vielen komplexen Gedanken in einen möglichst kurzen und effizienten Satz zu packen, sammelte all meine Kraft, nuschelte «Passt» und legte mein Gesicht wieder auf den Boden. Als ich das nächste Mal aufwachte – eine Stunde oder vielleicht nur fünf Minuten später –, war ich nüchtern genug, um die Peinlichkeit meiner Situation zu begreifen. Der betrunkenste Gast auf einer Party zu sein, ist schon unangenehm genug – der ohnmächtigste zu sein, sollte unter allen Umständen vermieden werden.

Um meine Ehre zu retten und den anderen die Party nicht zu versauen, richtete ich mich langsam auf, torkelte weg vom Feuer über einen Kiesweg hinweg Richtung Wald, wo ich ein Gebüsch fand, das mir gefiel, mich fallen ließ und weiterkotzte. Mit meiner Würde nun wieder intakt.

Unangenehmerweise war ich in diesem Moment auch nüchtern genug, um zu realisieren, dass ich nicht nach Hause kommen würde. Ich hatte keine Ahnung, wo ich war. Glücklicherweise hörte ich irgendwann Stimmen, die sich verabschiedeten. Ich sprang also aus meinem Gebüsch hervor und fragte die Leute, die schon auf ihren Rädern saßen, ob sie zufällig auch an meiner Adresse vorbeikämen. Ein älteres, in meiner Erinnerung sehr attraktives Mädchen bejahte und musterte meine Hose, auf der sich Gebüsch mit Erbrochenem und noch ein paar anderen Sachen mischte.

«Du bist da ein bisschen schmutzig», sagte sie.

Ich sah an mir herab: «Ja, ich glaube, ich bin in was reingetreten.»

Als meine Eltern am nächsten Morgen in mein Zimmer kamen, belustigt davon, dass ich so spät nach Hause gekommen war, und meine verschmutzten Klamotten auf dem Boden liegen sahen, wollten sie unbedingt wissen, was passiert war. Ich tischte ihnen eine Lüge auf, die sie auf keinen Fall glauben konnten, die aber ausreichte, um sie zum Rückzug zu bewegen – ich nehme an, überzeugt davon, dass, was immer mir am Abend vorher auch geschehen sein mochte, so unangenehm und peinlich gewesen sein musste, dass ich wohl vorerst, ja vielleicht sogar für immer die Finger vom Alkohol lassen würde.

Ich zog mir die Decke über den Kopf und gab mir selbst

ein Versprechen: «Das nächste Mal, Francesco, wirst du gucken, wie du nach Hause kommst, *bevor* du anfängst zu saufen.»

Ich musste etwa 28 werden, bis ich, geplagt von einem schlimmen Kater, zum ersten Mal behauptete, ich würde «nie wieder» Alkohol trinken. Natürlich fühlte ich mich auch vorher des Öfteren miserabel – mir wäre nur nie in den Sinn gekommen, eine Konsequenz daraus zu ziehen.

So sah einfach unser Sozialleben aus: Man traf sich mit seinen Freunden, klappte seinen Kopf auf und schüttete alles hinein, was man finden konnte. Es wurde uns nicht besonders schwer gemacht, Alkohol war leicht zu bekommen. An jeder Tankstelle gab es praktisch jeden Alkohol. Und wenn man doch mal auf einen strengen Verkäufer traf, ließ sich meistens irgendein Erwachsener auf der Straße dazu erbarmen, hineinzugehen und etwas für uns zu kaufen. Damals gab es noch Solidarität.

Die meisten von uns fingen mit Wodka an, ich weiß nicht mehr genau, was eine Flasche Gorbatschow damals kostete, aber wir konnten sie uns leisten. Er war nicht besonders gut, aber er erfüllte seinen Zweck. Irgendwann wurde Smirnoff beliebt, weil er angeblich *besser* war, aber das konnten wir nicht wirklich bewerten. Dann war da natürlich noch Tequila, aber in ganz Deutschland gab es nur eine Marke, Sierra, auf deren Flaschen kleine rote Sombreros geschraubt waren. Der war so widerlich, dass selbst die Bedürftigsten unter uns abwehrende Handbewegungen machten, wenn jemand eine Flasche hervorholte. Als wollten sie sagen: Ja, wir würden uns gerne an den Rand der Besinnungslosigkeit trinken, aber das ist unter unserem Niveau. Als Qualitätsspirituose galt der Wodka von Absolut. Vielleicht, weil es sehr viel schicke Werbung dafür gab. Außerdem war die Auswahl sehr groß, neben dem normalen Wodka gab es welchen mit Geschmack, darunter Wassermelone, Vanille und Zitrone. Es gibt keinen Grund, Wodka mit Geschmack zu produzieren, außer den, ihn Kindern andrehen zu wollen. Aber die Macher von Absolut schnitten sich meiner Meinung nach ins eigene Fleisch. Wodka mit Erdbeergeschmack ist nur so lange attraktiv, bis man jemanden zum ersten Mal rot kotzen sieht.

Es klingt brutal, war aber eigentlich sehr schön, weil für jeden etwas dabei war. Jeder konnte den Drink finden, der sagte: Das bin ich. Manche Mädchen begannen, Rotwein mit auf Partys zu nehmen. Die sehr bayerischen unter unseren Freunden bestanden darauf, nur Bier zu trinken. Und für die Leute, die langsam anfingen, in Klubs zu gehen, kam nur Gin Tonic infrage und der *selbstverständlich* nur mit Bombay oder Tanqueray, das seien die besten. Ich kann mich noch so genau daran erinnern, weil sie es ungefragt jedem erzählten, ob man es hören wollte oder nicht.

Ich selbst trank eine Zeit lang Smirnoff Ice, ein sogenanntes Alkopop. Das war ein mit Zitrone versetzter Wodka-Drink, der, wenn er kalt genug war, einfach nach Limo schmeckte. Weil ich aber kein durchschnittlicher Smirnoff-Ice-Trinker sein wollte, begann ich, die Flaschen, die man aus dem Kühlregal kaufte, warm werden zu lassen, bevor ich sie trank. Ich behauptete, so sei die Wirkung stärker. Tatsächlich schmeckte man einfach den Alkohol deutlicher. Als mir die Widersprüchlichkeit dieser Strategie bewusst wurde, kam ich zu dem Schluss, dass mir anscheinend der Geschmack von hartem Alkohol gefiel. Aus Distinktionsgründen entschied ich mich für Whiskey als den Drink meiner Wahl und trank eine Zeit lang Jack Daniel's Tennessee Whiskey. Der war als einziger so mild, dass ich ihn runterbekam.

Manchmal passten die Getränke überhaupt nicht zu den Leuten. Mein Freund Julian beispielsweise trank immer Fruchtwein. Julian war ein großer, ziemlich schwerer Junge, der nicht sehr gut in der Schule war – was seine Freunde nicht interessierte – und immer schnell dabei war, ein paar Ohrfeigen zu verteilen, wenn es Ärger gab – was seine Freunde sehr interessierte. Ich saß auf einer Hausparty neben Julian in der Küche, als ich ihn endlich mal nach dem Fruchtwein fragte. Er sah mich an: «Ich bin 1,90 groß und wiege über 100 Kilo. Um genauso betrunken zu werden wie du, muss ich fast das Doppelte trinken. Wenn ich das mit Bier mache, bin ich ständig am Pissen. Harter Alkohol aber ist teuer, vor allem mit Mischgetränken. Und ich habe nicht so viel Kohle. Fruchtwein ist perfekt, der hat 18 Prozent und kostet nur drei Euro pro Liter. So kann ich im selben Tempo wie alle anderen trinken. Das finde ich schöner.»

Gerührt legte ich meine Hand auf seine Schulter und wollte ihm sagen, dass, egal was die Lehrer sagten, er einfach einer der feinsten Kerle sei, die ich kannte – da ging ein asiatisches Mädchen an uns vorbei, und Julian rief laut: «Oida, check mal die Thai-Bitch aus!» Da ließ ich den Arm ganz schnell wieder sinken.

Das Trinken war etwas Neues, Aufregendes. Bisher lebten wir mit Strukturen und Regeln, die andere uns vorschrieben, im Kindergarten, in der Schule oder im Skilager. Die Welt des Rausches hingegen mussten wir selbst erkunden, weil es keine richtigen Modelle dafür gab. Zumindest nicht bei mir. Ich hatte meine Eltern nie betrunken erlebt, was nicht heißt, dass es bei uns keinen Alkohol gab. Mein Vater trank Bier zum Essen, meine Mutter Rotwein. Darüber hinaus aber pflegte vor allem mein Vater eine Politik der strengen Segregation. Auf Partys und Feiern, die er und meine Mutter veranstalteten, waren keine Kinder erwünscht. Und umgekehrt wollte er möglichst wenig darüber wissen, was ich in meiner Freizeit alles in mich hineinschüttete.

Mir war das nur recht. Ich glaube nicht, dass ich auf viel Verständnis gestoßen wäre. Mein Vater war für mich immer ein Mann mit wenig Sinn für den Exzess. Er hielt ihn, glaube ich, für Zeitverschwendung. Die Jugend war in seinen Augen vor allem dafür da, um Sport zu machen. Immerhin hat man da noch Zeit dafür. Im Gegensatz zu später, wenn das Arbeitsleben – also der *Rest* des Lebens – beginnt. Wer früh seinen Körper stählt, der kann später länger im Büro sitzen, so schien die Logik zu lauten. Und außerdem muss man sich als Jugendlicher zwangsläufig viel bewegen, wenn man als Erwachsener ständig von alten Sportverletzungen erzählen will.

Was für andere unbequem klang, war für meinen Vater Lebensphilosophie: Kissen gehörten nicht auf Stühle, Sofas mussten hart sein und Klopapier rau. Seinen Kindern sagte er Dinge wie: «Arbeit ist mein Leben.» Und: «Es gibt kein Recht darauf, glücklich zu sein» – worauf ein langer Vortrag darüber folgte, warum der *Pursuit of Happiness* der große Fehler der US-amerikanischen Unabhängigkeitserklärung war. Oder er sagte einfach nur: «Wisst ihr, Kinder, Spaß wird überschätzt.»

Einmal – ich dachte, ich sei besonders schlau – hielt ich ihm genau dieses Zitat entgegen und fragte: «Aber deine Arbeit, die macht dir doch Spaß?»

Nein, sagte er und wog den Kopf nachdenklich von links nach rechts, es sei schon komplizierter. «Ich bin Anhänger einer viktorianischen Ethik. Es ist nicht so, dass meine Pflichten Spaß machen. Ich habe die Pflicht, keinen Spaß zu haben.»

Was hatte ich erwartet? Hier war ein Mann, der sich die Haare mit Seife wusch. Ein Mann, der von sich behauptet, nur ein einziges Mal im Leben gefroren zu haben, und der das Valium ablehnt, dass sein Zahnarzt ihm wegen einer schweren Wurzelentzündung geben will. Nicht nur nimmt er es nicht ein – er nimmt es nicht mal *mit*. Für später.

Mein Vater hatte also kein Problem damit, dass ich trank. Es waren eher die Nebeneffekte, die ihn störten. Speziell der Umstand, dass ich am Wochenende lange schlief. Er muss der Meinung gewesen sein, dass ich damit meine Zeit verschwendete – und irgendwie auch seine. Auf jeden Fall kam er jedes Wochenende morgens in mein Zimmer, um mich zu wecken, egal, wie spät (und wie betrunken) ich in der Nacht zuvor nach Hause gekommen war. Er tat das nicht sanft oder liebevoll, sondern indem er den Zustand meines Zimmers kommentierte. «Probier's mal mit Sauerstoff», sagte er, während er die Vorhänge aufzog und die Fenster aufriss. «Wie kann man so leben?», war auch ein Klassiker, den ich öfter hörte. Oder er sagte: «Man hat das Gefühl, das Zimmer lebt.» So zu tun, als würden sich in meiner Unordnung Pilze entwickeln wie in einer Petrischale, war eigentlich seine Lieblingskritik. «Grün! Alles in diesem Zimmer schimmert grün.»

Ich habe diese Sprüche immer gehasst – muss aber gestehen, dass er für einen Zeitraum von vier bis sechs Wochen wahrscheinlich recht hatte mit seiner Beschreibung. Lange Zeit hatte ich einen Blech-Mülleimer mit Deckel in meinem Zimmer stehen. Eines Nachts kam ich betrunken nach Hause, legte mich in mein Bett und merkte zu spät, dass das Zimmer sich noch drehte. In Sekundenschnelle berechnete mein Hirn, dass der Weg zur Toilette zu weit war. Also öffnete ich den Mülleimer, kotzte hinein, schloss ihn wieder und ging schlafen. Am nächsten Morgen wusste ich nichts mehr davon.

Ich werde nie vergessen, was ich sah, als ich den Deckel Wochen später zufällig hob. Grüne Berge, violette Täler, überwucherte Verpackungen, Taschentücher und Essensreste. Es wirkte wie eine postapokalyptische Welt, in der sich die Natur zurückgeholt hat, was die Menschen ihr einst genommen hatten. Ich sah pelzige Strukturen, die sich zu bewegen schienen. Ich wurde erfasst von einem kosmischen Horror, als hätte ich zu tief in die Geheimnisse des Universums geblickt und etwas gesehen, was mein kleiner Verstand nicht verarbeiten konnte. Da waren keine Augen, Arme oder Hände. Es war trotzdem so, als würde etwas leben. Ich sah es an. Aber noch viel schlimmer: Es sah zurück.

Hätte ich meinem Vater davon erzählt, er hätte sich wohl bestätigt gefühlt und mich in Ruhe gelassen. Aber das verstieß wie gesagt gegen die Hauspolitik. Also kam er weiter jeden Morgen in mein Zimmer. Irgendwann fing er an, einfach meine Tür offen stehen zu lassen und im Wohnzimmer nebenan laut Metallica zu spielen. Das Interessante war aber: Es hatte überhaupt keinen Effekt. Jedes Mal, wenn er mich weckte, sagte ich: «Okay, ich steh auf.» Und sobald er aus dem Zimmer gegangen war, drehte ich mich um und schlief weiter. Trotzdem kam er jeden Morgen wieder rein. Ich verstand nie genau, was er erreichen wollte. Bis heute ist die einzige Wirkung, die das alles auf mich hatte, dass ich schläfrig werde, wenn ich «Master of Puppets» höre.

Vielleicht ging es ihm gar nicht darum, dass ich aufstand, und er verfolgte ein anderes Ziel. Vielleicht wollte er durch sein Verhalten nur ein Klima der Angst schaffen, in dem ich mir weniger erlaubte. Mir wäre es nie eingefallen, Freunde zu mir nach Hause einzuladen, um in meinem Zimmer rumzuhängen und zu trinken. Geschweige denn eine Party zu schmeißen, wenn ich sturmfrei hatte. Ich wusste genau: Das hier war *seine* Wohnung, ich lebte hier nur.

Das war insofern relevant, weil Orte, an denen man trinken konnte, gerade in der Anfangszeit nicht immer leicht zu finden waren. Es gab die erwähnten Tankstellen und ein paar Kneipen, deren Wirte nicht sehr genau darauf achteten, wer bei ihnen was bestellte. Außerdem gab es noch einen Klub, in den man als Minderjähriger durfte, aber nur bis Mitternacht. Am Anfang war das aufregend, fühlte sich aber schnell an wie eine Kindertagesstätte mit Alkohol.

Deswegen waren Hauspartys so wichtig. Man war komplett unbeaufsichtigt und konnte so lange feiern, wie man wollte. Man sollte meinen, dass wir als Feiernde für solche Gelegenheiten unseren Gastgebern Dankbarkeit und Respekt gezeigt hätten. Aber das war natürlich nicht der Fall. Es wurde in Zimmerecken gepisst, und Zigaretten wurden auf Teppichen ausgedrückt. Die größte Hausparty, die ich je erlebte, fand bei einem Mädchen namens Alexandra statt. Sie wohnte in einem mehrstöckigen Haus mitten im schönen Münchner Stadtteil Schwabing. Als ich abends dort ankam, stand die Haustür offen, und laute Musik dröhnte heraus. Im Eingangsbereich lagen kaputte Flaschen. Überall waren Menschen.

Ich holte mir ein Bier aus der Küche und trat auf eine Terrasse, wo ein Freund von mir saß. Wir sprachen gerade darüber, dass die Party etwas außer Kontrolle geraten schien, da flog ein Basketball über die Brüstung und zertrümmerte einen großen Blumentopf neben mir.

«Kannst du den Ball zurückwerfen?», rief ein Junge, der allein unter uns im Garten stand. Ich schmiss ihm den Ball zu.

«Danke.»

Ich wollte gerade meine Unterhaltung fortführen, da flog der Ball erneut an mir vorbei und begrub eine Gartenzwergfamilie unter sich. Familiendrama.

«Hey, sorry, wirf den Ball noch mal zurück bitte.»

Ich sah, wie viele Blumentöpfe noch übrig waren, und beschloss, dass ich meinen Abend anders verbringen wollte. Also ging ich über eine lange Treppe nach oben, vorbei am ersten Stock, wo sich ein Haufen Menschen in Zimmern befand, in denen sie offensichtlich nichts zu suchen hatten, und schließlich ins Dachgeschoss, wo ich meine Gastgeberin fand. Alexandra war ein, zwei Jahre jünger als ich. Sie und ihre Freunde saßen im Kreis auf dem Boden und rauchten. Es wirkte, als hätten sie sich hier oben verbarrikadiert, nachdem die Party eskaliert war. Ich fand auch endlich einige meiner Freunde, und irgendwann sperrte ich mich mit einem Kumpel auf dem Klo ein, um einen zu kiffen.

Alexandras Freunde bekamen mit, was wir taten, und fragten uns sehr direkt, aber höflich, ob sie auch mal mitrauchen dürften. «Natürlich», entgegneten wir und boten zu ihrer großen Freude an, ihnen einen Joint zu drehen. Wir gingen in die Küche, rollten etwas Oregano in ein Paper und verbrachten den Rest des Abends damit, Alexandra und ihren Freunden dabei zuzugucken, wie sie in einem engen Kreis standen und sich eine Gewürz-Tüte weiterreichten. Es war ein Geniestreich – noch Jahre später brachte uns diese Anekdote große Lacher ein.

Irgendwann hatte ich genug und wollte nach Hause. Im ersten Stock traf ich den Freund von der Terrasse, der gerade dabei war, eine Statue die Treppe runterzuschmeißen. «Mist, ich dachte, die fliegt weiter», sagte er enttäuscht. Ich verließ das Haus durch die noch immer offen stehende Vordertür. Es war die richtige Entscheidung. Denn offensichtlich war ich nicht lange genug auf der Party gewesen, dass sich jemand meinen Namen merken konnte. Wie sich herausstellte, war Alexandras Vater Anwalt und bei seiner Rückkehr dermaßen unerfreut über den Zustand seines Hauses und die Tatsache, dass jemand seine Stereoanlage aus dem Wohnzimmer gestohlen hatte, dass er seine Tochter zwang, ihm alle ihr bekannten Namen von Anwesenden zu geben, gegen die er daraufhin Strafanzeige stellte.

Was seine Tochter nicht davon abhielt, einige Jahre später noch so eine Party zu schmeißen. Diesmal wurde ein Waschbecken aus der Wand gerissen.

Und bei einer dritten Party, noch ein paar Jahre später, stand der Keller unter Wasser.

Das Einzige, was eine Hausparty noch übertraf, war, als Gruppe mehrere Tage in einem Ferienhaus oder einer Hütte zu verbringen. Entsprechend euphorisiert war ich, als Niklas mich fragte, ob ich Silvester in einem Haus in Tschechien feiern wollte. Seine große Schwester hatte sich mit ein paar Waldorfschülern angefreundet, die dort über den Jahreswechsel Snowboarden wollten. Er fragte, ob ich auch Lust hätte. Und weil dieses spezielle Silvester mein sechzehnter Geburtstag sein sollte, stimmte ich selbstverständlich zu.

Unsere fünfzehnköpfige Truppe fuhr mit dem Regionalzug durch verschneite Landschaften Richtung Tschechische Republik. Wir hatten gerade die Grenze passiert, als ich merkte, dass das alles vielleicht keine gute Idee gewesen war. Ich kannte keinen der älteren Waldorfschüler, und keiner kannte mich. Die meisten von ihnen begegneten mir mit Gleichgültigkeit. Aber einem der Jungs, einem langen Kerl namens Olaf, war das offensichtlich nicht genug. Als er einen seiner Freunde fragte, was Tschechien wohl auf Englisch heiße und ich – korrekterweise – «Czech Republic» einwarf, lachte er laut auf und verdrehte die Augen. «Tschek Republic», sagte er und stieß seinen Freund mit den Ellbogen, «was für ein Vollidiot.» Er sprach so laut, dass ich die Beleidigung hören konnte. Eine Praxis, die er für den Rest des Urlaubs beibehielt.

Den nächsten Hinweis darauf, dass ich meinen Geburtstag mit einer emotional instabilen Truppe verbringen würde, erhielt ich am Abend unserer Ankunft. Die Zimmer des großen Hauses verteilten sich auf drei Stockwerke, was jedem zumindest in der Theorie etwas Privatsphäre ermöglichte. Ich wollte gerade die Küche aufsuchen, als ich Olaf und ein paar Jungs kichernd vor einer Zimmertür kauernd sah. Als ich näher kam, sprangen sie auf, und ein nackter Achtzehnjähriger, der eine halbe Erektion vor sich hertrug, kam mir brüllend entgegen.

«Kann man hier nicht mal in Ruhe ficken?»

Ungefähr zu diesem Zeitpunkt beschloss ich, mich in den kommenden Tagen für die meiste Zeit in mein kleines Zimmer im dritten Stock zurückzuziehen und zu lesen. Leider wurde meine Abwesenheit als Provokation verstanden. Am ersten Tag öffnete Olaf mit einer Gruppe Jungs meine Tür und bombardierte mich mit Schneebällen, die sie von draußen geholt hatten. Erst am zweiten Tag kamen sie darauf, dass es effizienter wäre, mich zum Schnee zu bringen als den Schnee zu mir (das kommt davon, wenn man in der Schule nichts lernt). Sie kamen also zu sechst in mein Zimmer gestürmt, griffen mich an Armen und Beinen und zerrten mich nach unten, um mich mit Panzertape an den Gartenzaun zu fesseln. Ich schrie und strampelte und hielt mich an allem fest, was ich zu fassen bekam. Wenn man das Haus heute besuchen würde, fände man wahrscheinlich Spuren meiner Fingernägel in den Türrahmen. Sowohl ich selbst als auch die Waldorfschüler waren sehr überrascht von meiner Ausdauer. Als wir im Garten ankamen, war den meisten von ihnen die Lust vergangen. Nur Olaf wollte nicht von mir lassen. Und weil er mich nicht alleine an den

Zaun fesseln konnte, begnügte er sich damit, mein Gesicht so lange in den Schnee zu drücken, bis ich «Ich gebe auf» in den Matsch murmelte. Wenn ich gleich gewusst hätte, dass das eine Option ist, hätte ich es schon im zweiten Stock getan.

Am dritten Tag, dem 31. Dezember, kehrte etwas Ruhe ein. Wahrscheinlich waren alle ein bisschen müde. Niklas' große Schwester und ihre Freundinnen hatten sich die Mühe gemacht, mir einen kleinen Kuchen zu backen und eine Karte zu schreiben. Darauf stand: «Lieber Franci, alles Gute zum Geburtstag. Jetzt darfst du legal trinken.»

Ja, es macht bestimmt einen Unterschied, dachte ich und freute mich auf meinen ersten erwachsenen Rausch. Bis dahin sollte es nicht lange dauern. Relativ früh am Abend kam jemand auf die Idee, einen «Spezialdrink» anzufertigen. In einem leeren, mehrere Liter fassenden Wasserkanister wurden alle Spirituosen und Säfte vermischt, die sich im Haus finden ließen. Als das Ganze eine gesunde hellbraune Farbe annahm, war er fertig. Der Kanister wurde rumgegeben, über den Abend verteilt tranken alle davon, und als das alte Jahr ins neue überging, hing ich in der Toilette eingesperrt mit meinem Kopf in der Kloschüssel, und der Spezialdrink endete dort, wo er von Anfang an hingehört hatte.

Als ich am nächsten Morgen mit einem schlimmen Kater die Küche betrat, begrüßte mich Niklas mit einem erschrockenen Blick: «Wow, die haben ja gar nichts übrig gelassen.»

Im Spiegel sah ich grün, rot, blau, schwarz. Das Einzige, was ich nicht sah, war Haut. Mit heißem Wasser und Seife versuchte ich mir den Filzstift aus dem Gesicht zu entfernen, aber eine dünne hartnäckige Farbschicht blieb übrig.

Ich beschloss, dass es ausreichen würde, um den letzten Tag zu überstehen.

Nach und nach wurden alle Bewohner des Hauses wach. Es hatte in der Nacht geschneit, und wir entschieden, zum Abschluss die nahe liegende Dorfkneipe zu besuchen. Es war ein ruhiger Abend, der ausnahmsweise nicht zu eskalieren schien. Auf dem Weg nach draußen begannen die Waldorfschüler eine Schneeballschlacht mit ein paar Tschechen. Ich sah aus der Entfernung zu, es wirkte ganz harmlos, fast süß, wie diese Männergruppen, die die Sprache der jeweils anderen nicht sprachen, miteinander spielten. Bis einer der Tschechen Olaf Schnee ins Gesicht rieb und Olaf sich darüber empörte, das Eis im Schnee gewesen sei. Aus Lachen wurde Brüllen, und die beiden Gruppen kamen sich unangenehm nahe. Als einer der Männer Olaf in den Schwitzkasten nahm und begann, ihm wiederholt die Faust ins Gesicht zu rammen, entschied ich, dass dieser Urlaub offiziell vorüber war, und ging ins Bett.

Am nächsten Morgen packte ich meine Sachen und trat – mehr als bereit, endlich abzureisen – auf die Terrasse unseres Hauses. Dort stand Olaf, den Kopf wie ein müdes Kind auf die Schulter eines Freundes gelegt. Seine Lippen waren dick und rot und seine zugeschwollenen Augen irgendwas zwischen blau und violett. Er ignorierte mich. Und ich stellte zufrieden fest, dass es sehr viel länger dauern würde, bis die Farbe aus seinem Gesicht verschwunden war.

Das Problem daran, sich weiterzuentwickeln, Dinge zu lernen und zu verstehen, ist leider, dass man sehr viel klarer sieht, wie idiotisch man sich früher verhalten hat. Aber ob man nun Mitgefühl für sein früheres Ich empfindet (ein bisschen) oder Verachtung (ein bisschen mehr), am Ende ist es Vergangenheit, und man kann nichts mehr daran ändern.

Schwieriger wird es, wenn man realisiert, dass das eigene Kind wahrscheinlich ähnliche Erfahrungen machen wird. Auch mein Sohn wird irgendwann Alkohol ausprobieren, seinen ersten Rausch erleben und die Kontrolle verlieren. Einerseits will ich nicht, dass das passiert. Andererseits habe ich es doch auch alles erlebt. So falsch kann es also nicht sein.

Im Gegenteil. Die Wahrheit ist, dass ich irgendwie enttäuscht wäre, würde er *gar keinen* Alkohol trinken. Wie viele Leute misstraue ich Menschen, die nicht ab und zu betrunken sind. Ich habe lieber einen Sohn, der säuft, als einen, der den ganzen Tag in seinem Zimmer hockt und Computer spielt. Denn auch wenn meine einzelnen Erinnerungen an Alkohol unangenehm sind, bin ich insgesamt stolz auf meine Erfahrungen. Heute weiß ich, wie viel ich vertrage und wo meine Grenzen sind. Ich bin durch einen Sumpf aus Schnaps und Kotze gewatet und auf der anderen Seite wieder rausgekommen. Das hat mich stärker gemacht, reifer und erwachsener.

Es so zu sehen, war wirklich sehr angenehm. Bis meine blöde Frau es mir mal wieder versaute.

Das Kind war etwa ein halbes Jahr alt, als wir zu dritt Urlaub auf Sardinien machten und die Hauptstadt Cagliari besuchten, wo ein Onkel von mir lebt. Wir fuhren mehrere Stunden quer über die Insel, und nachdem wir in den chaotischen Hafenstraßen endlich einen Parkplatz gefunden hatten, wollte ich einfach nur noch ins Hotel.

Auf dem Weg dorthin überquerten wir eine Verkehrsinsel mit Busstation. Dort lag neben einem Bus ein Mann reglos auf dem Boden. Als ein Busfahrer vorbeikam, sah er uns an und verdrehte die Augen. Ich hatte mir das Baby in einer Trage um die Brust geschnallt und wollte gerade weitergehen, da ging meine Frau in die Knie und versuchte, mit dem Mann zu sprechen.

«Der ist nur besoffen», sagte ich. «Komm, lass gehen.»

«Na und? Dem muss man trotzdem helfen.»

Ich bleibe nie stehen, wenn ich an betrunkenen Männern vorbeigehe, die in den Zwischengeschossen der S-Bahn-Stationen liegen. Ich sehe sie, aber ich will nichts mit ihnen zu tun haben. Meine Frau schaut eigentlich immer, wie es ihnen geht.

Als Jugendliche war meine Frau selten diejenige, die kotzte, sondern oft die, die den Kotzenden die Haare hielt. Ich hingegen habe eigentlich nie Leuten geholfen. Wenn jemand zu viel getrunken hatte, ignorierte ich es. Oder machte mich darüber lustig. Ich erinnere mich, wie ich auf einer Party mit ein paar Freunden einen Kumpel beobachtete, der auf einer Parkbank saß und mit einem Mädchen knutschte. Irgendwann stand der Kumpel plötzlich auf, entfernte sich ein paar Schritte von der Bank und begann, sich gegen einen Zaun zu erbrechen. Was wir unglaublich lustig fanden. Das Mädchen blieb einige Sekunden auf der Bank sitzen und schaute auf ihre Hände, als würde sie abwarten, ob er noch einmal wiederkommt. Doch als der Kumpel nicht aufhörte zu kotzen, stand sie wortlos auf und ging. Wir lachten uns kaputt. Über beide.

Es war nie so, dass ich Verachtung empfand für Leute,

die zu viel tranken. Es war eher eine Art Genugtuung: Willkommen im Sumpf, wollte ich sagen, hier ist jeder auf sich allein gestellt.

Es dauerte nur zwei Minuten, bis die Menschen an der Busstation in Cagliari es meiner Frau gleichtaten und sich um den regungslosen Mann scharten. Selbst der gleichgültige Busfahrer schaltete sich ein. Und als jemand endlich einen Krankenwagen rief, sagte meine Frau «Meine Pflicht ist getan» und ging weiter zum Hotel.

Ich trottete ihr hinterher, jetzt mit der Erkenntnis, dass ich lieber ein Kind hätte, das Leuten hilft, die kotzen, anstatt eines, das selbst kotzt.

Was auch heißt, dass ich – weil ich ja ach *so* erfahren bin mit Alkohol – ihm wohl das Trinken beibringen muss. Besser er lernt es von mir als von irgendeinem Waldorfschüler.

UNENDLICHES
TALENT

Man liebt sein Kind bedingungslos, heißt es. Aber das gilt meiner Erfahrung nach nur für die Anfangszeit, wenn die Kinder noch nichts können und man die meiste Zeit zu Hause verbringt. In dieser Phase sind die Kleinen perfekt: Sie machen nichts falsch und sehen dabei auch noch niedlich aus. Sobald man jedoch hinausgeht in die Welt, dorthin, wo andere Menschen sind, lernt man schnell, dass Aussehen nicht alles ist – und dass das leider auch für Babys gilt. Klar, man liebt sein Kind immer noch. Aber jetzt fallen einem Dinge auf, die man gerne anders hätte.

Bei mir begann dieser Prozess, als mein Sohn etwa sechs Monate alt war. Wir trafen Freunde, die wenige Wochen vor uns eine Tochter bekommen hatten, ein pausbäckiges italienisches Baby mit leuchtenden blauen Augen. Mein Sohn aß zu diesem Zeitpunkt schon Brei und begann langsam – ganz langsam –, sich Nahrungsmittel mit der Hand in den Mund zu schieben, was nicht immer klappte, ich aber dennoch sehr zufrieden als Zeichen fortschreitender Entwicklung verbuchte. Bis zu dem Moment, als an dem besagten Treffen jemand eine Schüssel mit Erdbeeren auspackte. Zu meiner großen Überraschung gaben unsere Freunde ihrer Tochter einen kleinen Plastiklöffel in die Hand und legten eine halbe Erdbeere darauf. Das Mädchen lächelte, führte den Löffel zum Mund und zerquetschte sie zufrieden in ihrem kleinen Mund.

Ich gab meinem Sohn eine Erdbeere, er zerdrückte sie in der Hand und schmierte sie sich über das Gesicht.

Auch die nächste Portion balancierte das italienische Baby wieder elegant auf dem Löffel. Ganz ruhig und konzentriert fixierte es die näher kommende Frucht.

Mein Sohn nahm seine zweite Erdbeere, lachte mich an und steckte sie sich ins Ohr.

Von diesem Moment an spürte ich einen gewissen Druck, meinem Kind das Essen beizubringen. Immerhin würde er in einem halben Jahr in die Kita gehen, und man konnte ja nicht verlangen, dass die Betreuerinnen ihn dort jedes Mal füttern würden. In meinem Kopf sah ich einen kleinen Jungen mit zu großem Lätzchen um den abgemagerten Hals vor einem vollen Teller Suppe sitzen und sich ratlos den Löffel gegen den Kopf schlagen, während die älteren Kinder am Tisch sich die Bäuche vollstopfen. «Das Kind funktioniert nicht richtig», sagte ich zu meiner Frau und ignorierte ihre Antwort, die Wörter wie «Geduld» und «eigenes Tempo» beinhaltete. Es war höchste Zeit, ihn mit den Anforderungen des echten Lebens vertraut zu machen.

Leider übertrug sich mein Gefühl der Dringlichkeit nicht auf das Kind. Alle Versuche, ihn zum selbstständigen Essen zu animieren, indem ich ihm einen mit Brei beladenen Löffel in die Hand drückte, scheiterten. Meistens dadurch, dass entweder Brei, Löffel oder beides durch die Luft flogen. Als ob das nicht schon schlimm genug gewesen wäre, stellte ich mit der Zeit fest, dass sich die Tischmanieren des Kindes, je näher wir der Kita-Eingewöhnung kamen, nicht nur nicht verbesserten, sondern sogar schlechter wurden. Er begann, den Brei, den ich mühevoll in seinen Mund verfrachtet hatte, wieder auszuspucken. Das erfüllte mich mit besonderem Grauen, denn mir wurde schnell klar, dass ich der Grund dafür war. Als er den Brei zum ersten Mal geräuschvoll ausspuckte, musste ich laut lachen, weswegen er es fortan bei jedem Essen wieder tat, wohl in dem Glauben, mich damit glücklich zu machen.

Ich hatte ein schlechtes Gewissen, weil ich offensichtlich unfähig war, meinem Sohn eine fundamentale Lebensfähigkeit zu vermitteln; und gleichzeitig war ich wütend auf ihn, denn die Kita-Eingewöhnung stand vor der Tür, und ich schämte mich dafür, dass er nicht essen konnte. Das Kind enttäuschte also mich, und ich enttäuschte das Kind: Wir waren eine richtige Familie.

Im Grunde lernt man den eigenen Nachwuchs erst dann richtig kennen, wenn man ihn weggibt. In die Obhut anderer, außerhalb der eigenen Kontrolle. Während Kitas einigermaßen harmlos zu sein scheinen, gleicht die Institution Schule einem Spielautomaten in einer verrauchten Kneipe: Man steckt vorne etwas hinein und hofft, dass nach einiger Zeit hinten was Gutes rauskommt. Im Gegensatz zu einem Einarmigen Banditen kann man zwar versuchen, Einfluss auf den Verlauf der Sache zu nehmen – am Ende ist das Kind aber auf sich allein gestellt.

Dass ich in der Schule nicht so richtig funktionierte, zeigte sich schon am ersten Tag. Unsere Klassenlehrerin Frau Aigner, eine braun gebrannte Bayerin mit gefärbten Haaren, ließ uns Buchstaben von der Tafel abschreiben, die ersten, die wir jemals lernten. Als sich die Übung dem Ende näherte, sagte sie: «Wenn ihr fertig seid, könnt ihr eure Mathebücher rausholen und mit der ersten Aufgabe beginnen.»

Ich weiß noch, wie ich stockte. «Könnt», dachte ich mir, beinhaltet doch eine Option, also auch die Möglichkeit, es nicht zu tun.

Ich drehte mich zu meinem Mitschüler Niklas und fragte ihn, ob er sein Mathebuch rausholen würde. Er sagte nichts und nickte nur.

«Aber sie hat *könnt* gesagt», warf ich ein. Niklas sah mich mit leeren Augen an und öffnete sein Mathebuch. Ich hingegen holte meinen Block hervor und begann, ein exzellentes Bild von Batman zu malen. Ich war gerade beim Umhang angekommen, als Frau Aigner an meinem Tisch vorbeispazierte, aufschrie und mir den Block unter dem Stift wegzog. «Ich sag, ihr sollt Mathe machen, und der hier malt Batman, ich glaub es nicht.»

Ich schämte mich dafür, sie falsch verstanden zu haben, und schaute traurig in mein Astronauten-Federmäppchen. Im Grunde ging es seit diesem Moment für mich in der Schule nur noch bergab. Und passenderweise wurde Deutsch mein mit Abstand schlechtestes Fach.

Ich hätte dieses Missverständnis auf meine Gastarbeiterherkunft schieben können. Das Problem war nur, dass ich keine hatte. Mein Vater war ein italienischer Anwalt, der exzellent Deutsch sprach, er hatte es von seiner Mutter gelernt. Was allerdings nicht hieß, dass er eine große Hilfe war. Erstens arbeitete er viel und hatte wenig Zeit, und zweitens war er der Meinung, dass *meine* Schulprobleme nicht *seine* waren. «Schule ist der Job der Kinder», hatte er mir und meinen Geschwistern erklärt, als es mal wieder eine familiäre Diskussion über unsere (also: meine) Noten gab. Damit war nicht nur gemeint, dass es eben unsere Pflicht war, in der Schule eine gewisse Leistung zu zeigen, sondern auch, dass es eine Selbstverständlichkeit war. Selbstverständlich, wie in: *nicht der Rede wert.* Ihr wollt ja auch nicht dauernd was von meinem Job hören, schien er zu sagen, womit er absolut recht hatte. Der Unterschied war nur, dass er selbstständig war und seinen Beruf liebte. Ich hingegen war ein Angestellter mit Kündigungsverbot.

Meine Mutter dagegen war sehr motiviert, mich zu unterstützen, aber in ihren Möglichkeiten limitiert. Bei allem, was mit Fleiß und Durchhaltevermögen zu tun hatte, konnte sie mir helfen. Ich glaube, das hatte mit ihrer eigenen Schulkarriere zu tun: Als Jugendliche besuchte sie eine alte Klosterschule, die auf einer einsamen Insel inmitten des Rheins lag. Dort wurde sie von Nonnen unterrichtet, die ihr ständig das Gefühl gaben, als Mädchen sowieso nicht viel wert zu sein. Es denen zu zeigen, war ihre größte und vielleicht einzige Motivation gewesen. Ihr Vater, erzählte sie mir einmal, habe ihr immer gesagt: «Das Leben ist ein Kampf – siege!»

Besonders gerne half sie mir dabei, Gedichte zu lernen. Einen langen Text in kleine Einheiten zu unterteilen und sich dann durch stumpfe Wiederholung einzuprägen, bis man ihn auch Jahre später nicht mehr vergaß – das entsprach genau ihrem Naturell. Entsprechend war ich ziemlich gut darin. Es half zudem, dass unsere Familie an Weihnachten immer nach Italien fuhr und am Heiligen Abend, wenn sich spät nach dem Essen die Tür zu dem Zimmer mit den Geschenken öffnete, jedes Kind still stehen und ein auswendig gelerntes Gedicht aufsagen musste. Erst wenn das geschehen war – und die Wiener Sängerknaben «Stille Nacht» fertig gesungen hatten –, erst *dann* durften wir unsere Geschenke öffnen. Wir waren wie Hunde, die still vor einem Knochen sitzen müssen, bis das Herrchen mit dem Finger schnippt.

So konditioniert waren die Gedichte in der Schule ein Klacks für mich. Das Problem war nur, dass wir keine Noten für sie bekamen. Meistens lernten wir sie im Unterricht, um sie auf irgendwelchen Sommerfesten für die versammelten Eltern vorzutragen. Ich erinnere mich daran, wie ich mal ein unendlich scheinendes, zwölf Strophen langes Gedicht aufsagte. Alle Eltern applaudierten, und hinterher sagte der Vater eines Schulfreundes in einem Ton, den ich von meinen eigenen Eltern bis heute nicht gehört habe: «Wow, das war ja ein Mammutgedicht, gut gemacht.»

Es war ein schöner Tag, an den ich mich noch heute erinnere, weil ich zum ersten Mal ein Gefühl dafür bekam, dass ich etwas gut konnte. Ich musste allerdings auch feststellen, dass Lob Geschenke einfach nicht ersetzen kann.

Es dauert einige Zeit, bis man versteht, dass man ein schlechter Schüler ist. Und noch länger, um es zu akzeptieren. Erst mehren sich die schlechten Noten, dann die schlechten Zeugnisse, und schließlich ändert sich die Art und Weise, in der Eltern mit einem über die Schule sprechen. Aus «Gib dir bitte ein bisschen mehr Mühe» wird «Warum gibst du dir nicht ein bisschen mehr Mühe?» und schließlich «Ich habe es satt, dass du dir nicht mehr Mühe gibst!». Spätestens als ich ein paar Jahre auf dem Gymnasium war, hatten es alle kapiert.

Mein Vater hatte kein Problem damit, er ging die Sache pragmatisch an und entwarf einen Notfallplan: «Ich kaufe dir einfach einen Kiosk, dann bist du später sicher», sagte er, als ich mal wieder mit einem schlechten Zeugnis nach Hause kam.

«Einen Kiosk?», fragte ich.

«Ja, einen kleinen Straßenkiosk.»

«Ich will nicht in einem Kiosk arbeiten.»

«Wieso? Das ist ein guter Job. Du bist vor Regen geschützt. Und die Leute brauchen immer Zeitungen und Zigaretten.» Als Journalist, der mit dem Rauchen aufgehört hat, weiß ich heute, wie falsch er damals lag.

Meine Mutter wollte nicht so schnell aufgeben. Leider wurden meine Schwierigkeiten auf dem Gymnasium irgendwann so komplex, dass ihre rohen Methoden nicht mehr funktionierten – man kann den *Werther* theoretisch auswendig lernen, aber das heißt nicht, dass man ihn besser versteht. Sie konzentrierte sich also darauf, mich logistisch zu unterstützen, damit ich das Maximum aus meinen Leistungen herausholen konnte. Zum Beispiel sorgte sie dafür, dass ich rechtzeitig aufstand, um pünktlich in die Schule zu gehen. Was meistens auch klappte, außer an den Tagen, an denen ich mich im Badezimmer auf den Boden legte, mich mit einem Handtuch zudeckte und noch ein bisschen weiterschlief. Besondere Mühe gab sie sich mit den Pausenbroten, die waren richtig gut: getoasteter Toast, Schinken, Käse, Salat und Mayo, diagonal geschnitten und in eine kleine Plastiktüte verpackt. An jedem einzelnen Tag. «Das Gehirn braucht Nahrung», sagte sie.

Etwa in der neunten Klasse begann ich, die Pausenbrote gegen Zigaretten zu tauschen. Für mich waren sie eine Selbstverständlichkeit, für die anderen Kinder auf dem Schulhof kamen sie einer Erleuchtung gleich. Vor allem die älteren Mädchen, deren Mamas ihnen keine Brote mehr schmierten, zeigten großes Interesse. Was mich wiederum sehr freute, denn so konnte ich jede Pause für die Dauer einer Zigarette bei ihnen stehen und ihren Unterhaltungen lauschen. Wenn ich Glück hatte, sprachen sie sogar über Sex.

«Ich mag es, wenn er einfach weitermacht, nachdem er gekommen ist», sagte eine von ihnen zu ihren Freundinnen, während sie meine Stulle aß, dann fuhr sie an mich gerichtet fort: «Wenn man nämlich einfach weitermacht, wird man nicht schlaff, weißt du ... Boah, das ist ein richtig gutes Sandwich.»

«Danke», sagte ich und versuchte, wie jemand zu klingen, der *immer* weitermacht. «Das hat meine Mutter geschmiert.»

Leider blieb das der schönste Teil meiner Schulkarriere. Der Rest war schrecklich deprimierend. Für schlechte Schüler ist die Schule grundsätzlich eine andere Erfahrung als für gute. Gute Schüler denken immer, sie hätten eine Prüfung versaut und bekommen dann trotzdem eine Eins. Schlechte Schüler denken bei jeder Prüfung «Diesmal lief es besser!» und bekommen dann trotzdem eine Vier. Im Fußball gibt es den Spruch *«It's the hope that kills you»*. Und wie im Fußball kann man in der Schule jedes Mal aufs Neue sterben, das hat einen kumulativen Effekt. Etwa so wie bei einer Laborratte, der man regelmäßig einen Elektroschock versetzt. Sie wird müde, antriebslos und manchmal aggressiv. Das Fell wird zunehmend ungepflegt und struppig. Und ja, viele schlechte Schüler erwecken den Eindruck, dass ihnen alles egal sei. Aber als Ratte lernt man irgendwann, Gleichgültigkeit zu demonstrieren, um sich ein bisschen Würde vor dem Mann im Kittel zu bewahren.

Den absoluten Tiefpunkt erreichte ich in der elften Klasse. Meine Deutschlehrerin hieß Frau Becker und war eine junge, dünne Frau mit roten Haaren. Wir konnten uns gegenseitig nicht leiden. Ich verachtete sie für ihre leise Mädchenstimme und ihre Humorlosigkeit. Und sie mich für meine Faulheit und mein performatives Selbstvertrauen, hinter dem nicht der Hauch einer Fähigkeit stand. Irgendwann hatte sie es offenbar satt, dass sich mein Schriftbild und meine orthografischen Fähigkeiten seit der Grundschule nicht verbessert hatten. Also gab sie mir ein Übungsbuch für Neuntklässler mit nach Hause. Was ich – wohl richtigerweise – als Beleidigung auffasste.

«Vielleicht solltest du mal reinschauen», sagte meine Mutter, als ich ihr davon erzählte.

«Vielleicht ist Frau Becker eine Fotze», entgegnete ich.

Mein Hauptproblem war, dass es mir in Wahrheit nicht gefiel, ein schlechter Schüler zu sein. Es gab nur nichts, was ich dagegen tun konnte. Zumindest nichts, was ich bereit war zu tun. Frau Becker hatte die Angewohnheit, handschriftlich langes Feedback auf die Rückseiten unserer Aufsätze zu schreiben, in denen sie erklärte, was wir gut gemacht hatten und was besser werden musste. Ich kann mich nicht erinnern, jemals eines davon gelesen zu haben. Mir verging immer die Lust, wenn ich die Note auf der Vorderseite sah.

Irgendwann entschied ich, dass es wohl die beste Strategie wäre, guten Willen zu zeigen. Vielleicht würde das ausreichen, um Frau Beckers hartes Herz ein wenig zu erweichen. In Klausuren schrieb ich plötzlich peinliche Sätze wie «Ich hoffe, ich konnte zeigen, welche Rolle die Emotionen bei *Kabale und Liebe* spielen». Und unter einen Aufsatz, der mal wieder sehr unleserlich war und den ich ganz offensichtlich mit zwei unterschiedlichen Stiften geschrieben hatte, setzte ich ein PS: «Ich entschuldige mich für die äußere Form, mir ist mittendrin die Munition ausgegangen, und ich musste mir einen Stift leihen.»

«Sehr höflich. Angenommen!», schrieb Frau Becker an den Rand des Blattes und gab mir trotzdem eine Vier. Sie tat besonders weh. Aber ich war selbst schuld: Ich hatte mir etwas Hoffnung erlaubt.

In Wahrheit hatte es Frau Becker mit meinen unbeholfenen Schleimereien noch gut getroffen. Vielen ihrer Kollegen gegenüber war ich ein sehr viel unsympathischerer Schüler. Was an meiner generellen Abneigung gegenüber Lehrern lag. Ich hatte sie von meinem großen Bruder übernommen, der ein exzellenter Schüler und in den meisten schulischen Dingen mein Vorbild war. «Lehrer sind Randexistenzen», pflegte er verachtungsvoll zu sagen, was mir absolut einleuchtete. Leider vergaß er zu erwähnen, dass diese Haltung sehr viel angenehmer war, wenn man erstens gute Noten schrieb und zweitens den Lehrern nicht zeigte, dass man sie hatte.

So sammelte ich im Laufe meiner Schulkarriere mehrere Verweise: Ich bekam welche dafür, dass ich keine Hausaufgaben machte, und dafür, dass ich im Unterricht Karten spielte. Einmal bekam ich einen Verweis, weil ich meinem Sportlehrer ins Gesicht gesagt hatte, dass er ein «Idiot» sei. Meiner Mutter, die alle Verweise unterschreiben musste, war das sehr peinlich. «So redet man doch nicht mit Menschen», sagte sie. Kurz spürte ich den Anflug eines schlechten Gewissens, aber dann sah ich, dass der Sportlehrer es geschafft hatte, in dem kurzen Text auf dem Verweis drei Rechtschreibfehler in zwei Sätzen unterzubringen, und fühlte mich bestätigt. Das Übungsbuch, das mir Frau Becker gegeben hatte, hatte ich in der Zwischenzeit irgendwie vergessen.

Überhaupt war ich bei Weitem nicht der schlimmste Schüler. Es gab ein paar, die überhaupt nicht mehr zum Unterricht erschienen. Und solche, die sich im Klassenzimmer Zigaretten ansteckten. Ein Mitschüler von mir flog von der Schule, weil er einer Lehrerin in den Hintern gekniffen hatte. Er behauptete, er sei nur aus Versehen mit dem Arm an ihre Hüfte gekommen. Doch das glaubte ihm keiner. Seine Freunde allerdings waren über seinen Rauswurf so empört, dass sie als Zeichen der Solidarität einen Tag lang mit erhobenen Armen durch die Schule liefen. Sie hielten bis zur dritten Stunde durch.

Einer meiner damaligen Klassenkameraden war Franz, er gehörte ebenfalls zu den schlechten Schülern. In seinem Fall war das besonders unangenehm. Franz war der Sohn eines sehr bekannten bayerischen Landespolitikers, was bedeutete, dass jede Lehrkraft seinen Vater nicht nur kannte, sondern auch eine Meinung zu ihm hatte. Als Franz in die zehnte Klasse kam, geschah irgendwas mit ihm. Er verlor die Kontrolle über seinen Körper. Im Unterricht bekam er regelmäßig Lachanfälle, die sich bis zu fünfzehn Minuten hinzogen. Einmal legte er im Wirtschaftsunterricht die Füße auf seine Schulbank und fesselte sich die Handgelenke mit den Schnürsenkeln an seine Schuhe. Dann kippte er mit einem lauten Rums vom Stuhl und lachte sich am Boden liegend über sich selbst kaputt. Ich fand, dass ich im Vergleich zu Franz ein ziemlich angepasster Typ war.

Es dauerte Jahre, bis ich auf den Gedanken kam, dass ich mich vielleicht nicht *immer* anständig verhalten hatte. Bei einem Besuch bei meinen Eltern fand ich eine Kiste, in der meine Mutter meine alten Schulsachen aufbewahrt hatte. Neben Zeugnissen und Verweisen fand ich darin auch einen Brief, den ich ihr geschrieben hatte, ganz offenbar nach einem Streit über meine Noten.

Ich sagte ihr darin, dass sie sich nicht so «stressen» solle, und führte ein paar Ideen aus, die dabei helfen sollten, meine Leistungen zu steigern, etwa den Fernseher aus meinem Zimmer zu entfernen, damit mir vor «Langeweile» nichts anderes übrig bleibe, als zu lernen. Am Ende des Briefes setzte ich noch ein PS, in dem ich mich dafür entschuldigte, dass ich wohl zu spät zu einer Verabredung mit ihr gekommen war. Frau Becker habe mich nach dem Unterricht gezwungen, das Klassenzimmer aufzuräumen.

«Ich habe mich so geärgert, ich habe Nasenbluten bekommen. Es gibt übrigens etwas zu waschen für dich.»

Als ich das las, bekam ich plötzlich das Bedürfnis, mich bei meiner Mutter zu entschuldigen. Vielleicht sollte ich mal fragen, wie die Zeit damals für sie gewesen war. Zum einen weil ich ein schlechtes Gewissen hatte. Aber auch weil ich gerade selbst Vater geworden war und wissen wollte, wie man damit umgeht, wenn das eigene Kind in der Schule permanent versagt.

Wie sich herausstellte: am besten mit Verleugnung. Als ich meine Mutter auf die «schwierige Zeit» damals ansprach, sah sie mich nur irritiert an. Wie sich herausstellte, lehnte sie meine Interpretation der Dinge kategorisch ab. So schlimm sei das gar nicht gewesen, sagte sie. Teenager seien halt so. Und an Streit wegen der Schule könne sie sich gar nicht erinnern. Meinem Vater sei es doch eigentlich immer egal gewesen, der hätte die Schule selbst immer gehasst.

Ich konnte nicht glauben, was ich da hörte. Hatte ich wirklich so wenig aufgepasst in der Schule, dass ich *alles* falsch abgespeichert hatte? Oder lag das Problem bei meiner Mutter? Waren das Anzeichen einer beginnenden Demenz?

«Das Einzige, was mich immer geärgert hat ...», sagte sie, und ich spitzte die Ohren: «Ja?»

«Du hattest so viel Talent. Aber du hast so wenig draus gemacht.»

Ich atmete auf: Zumindest an die Hälfte konnte sie sich noch erinnern.

Das Großartige an der Schulform Gymnasium ist, dass es achtzig Prozent der Zeit egal ist, dass man schlechte Noten schreibt. Am Ende kommt es nur auf das Abitur an, und das setzt sich aus den Leistungen der letzten zwei Jahre zusammen. Für schlechte Schüler ist das ein großer Vorteil. Sie sind es seit Jahren gewohnt, miese Leistungen zu bringen und dann für die letzten Prüfungen des Schuljahres zu lernen, um das drohende Durchfallen im letzten Moment abzuwenden. Im Grunde lässt sich diese Strategie auch auf die gesamte Schulzeit übertragen. Wen interessiert es, wenn man von der ersten bis zur elften Klasse ein schlechter Schüler war? Wenn man nur beim Abitur ordentlich Gas gibt!

Zusätzlich hilft es, dass man in der Oberstufe seine Lieblingsfächer als Abiturfächer wählen kann, wodurch diese stärker gewertet werden. Seine schlechtesten Fächer hingegen kann man abwählen (mit der Ausnahme eines naturwissenschaftlichen Fachs). Man muss dann immer noch zum Unterricht, aber die Noten fließen nicht in die Endnote ein. Ich wählte natürlich Deutsch ab, was sofort mein mit Abstand bestes Fach wurde.

Meine neue Lehrerin, eine skeletthafte kleine Erscheinung, deren Handtasche immer bis oben hin mit Marlboro-100-Packungen gefüllt war, fand mich im Gegensatz zu Frau Becker ziemlich lustig. Ich konnte reden, was ich ausnahmsweise auch tat. In keinem Kurs hatte ich mich jemals so rege beteiligt wie in diesem. Was nicht schwer war, weil dort nur Leute saßen, die keine Lust auf Deutsch hatten. Ich war der Einäugige unter den Blinden, und die Rolle gefiel mir außerordentlich gut. Auch die Inhalte begannen, mich plötzlich mehr zu interessieren. Faust schließt einen Pakt mit dem Teufel? Das war wie in dem Film *Teuflisch* mit Brendan Fraser, in dem Elizabeth Hurley den Teufel spielt in einem engen roten Lederkleid. In keinem anderen Fach schrieb ich so viele Einser!

Als Abiturfächer entschied ich mich für Englisch und Geschichte, die mündliche Prüfung wollte ich in Mathe ablegen. Es war dieselbe Kombination, die mein Bruder Jahre zuvor gewählt hatte. Wenn es die richtige für ihn war, dachte ich, dann war es bestimmt auch die richtige für mich. Ich hatte in jeder Hinsicht *nichts* gelernt.

Darüber hinaus schien mir gerade Englisch eine gute Wahl, weil ich die DVDs meines Vaters grundsätzlich auf Englisch guckte. Außerdem mochte ich die Lehrerin. Im Gegensatz zu Frau Becker war Frau Sauer kräftig, laut und fröhlich. Als sie mitbekam, dass ich selbst in der Oberstufe noch selbst gemachte Pausenbrote mitgegeben bekam, begann sie, mir jeden Tag ein Teilchen vom Bäcker mitzubringen und meine Sandwiches selbst einzustecken. Besonders mochte ich Nussschnecken. Wir beide wussten aber, dass die eigentliche Währung dieses Tausches eine bevorzugte Behandlung war. Sie sah mir nach, wenn ich meine Hausaufgaben nicht machte, und gab mir Tipps, wie ich meine Schwächen in Klausuren kaschieren konnte. Zufrieden stellte ich fest, dass ich es tatsächlich geschafft hatte, mit meinem Pausenbrot das Herz eines älteren Mädchens zu gewinnen. Die Mädchen zuvor waren offensichtlich einfach nicht alt genug gewesen.

Leider schien ein anderer Mann in Frau Sauers Leben noch bessere Sandwiches zu machen. Sie wurde schwanger und verließ mich. Ihre Nachfolgerin war eine alte, humorlose Lehrerin, die überhaupt nicht beeindruckt davon war, dass ich ganze Teile von *Stirb Langsam* im Original rezitieren konnte. Und selbst wenn sie mein Pausenbrot gewollt hätte, ich hätte es ihr nicht gegeben.

Geschichte interessierte mich zwar wirklich, aber wie sich herausstellte, musste man sehr viel lesen in diesem Fach. Ich beschloss also, mich auf Mathe zu konzentrieren, das war sowieso eine meiner Schwächen. Wochen vor der Prüfung blieb ich zu Hause, um «zu lernen», und bat einen Freund, in der Schule auf dem Schwarzen Brett nachzusehen, wo meine Prüfung stattfinden würde. Leider übersah er, dass es zwei Räume gab, einen für die Bearbeitung der Aufgaben und einen, in dem man den mündlichen Teil ablegte. Vor letzterem stand ich schließlich eine Viertelstunde nach Prüfungsbeginn immer noch und fragte mich, was für ein Saftladen dieses Gymnasium bitte war.

Als ich endlich abgeholt wurde, hatte ich kaum noch Zeit, den Aufgabenbogen zu bearbeiten. Und bei meinem mündlichen Vortrag wurde recht schnell klar, dass ich keine Ahnung hatte. Eine der Prüferinnen bekam Mitleid mit mir: «Okay, gehen wir zu den Basics zurück», sagte sie und bat mich, eine e-Funktion an die Tafel zu malen.

«Wie meinen Sie das?», fragte ich.

«Die e-Funktion. Wie sieht die aus, wenn man sie in ein Koordinatensystem einzeichnet?»

Ich blickte zur Tafel, dann wieder zu ihr.

«Man kann eine Funktion zeichnen?»

Später habe ich mich oft gefragt, unter welchen Umständen die Schule für mich ein größerer Erfolg hätte sein können. Lange Zeit dachte ich, dass man mir nur hätte erklären müssen, wozu ich den Stoff brauche. Aber inzwischen glaube ich, dass das Unsinn ist. Es ist ein sehr erwachsenes Missverständnis zu glauben, dass es in der Schule darum geht, Stoff zu lernen. Das Geheimnis ist es, zu lernen, einigermaßen gute Noten zu schreiben. Mein Vater – ich gebe es nur sehr ungerne zu – hatte von Anfang an recht. Schule *ist* der Job der Kinder, und so muss man ihn auch angehen. Nicht wie einen tollen Job. Sondern wie einen durchschnittlichen Bürojob, der einem ein angenehmes Leben ermöglicht, für den man sich aber nicht aufreibt. Für einen solchen Job muss man nämlich die für das Leben und die eigene Freiheit essenzielle Kunst lernen, etwas wichtig und gleichzeitig nicht so wichtig zu nehmen. Anstatt, so wie ich damals, etwas überhaupt nicht wichtig und gleichzeitig extrem wichtig zu nehmen.

Außerdem hilft es, wenn man seine eigenen Fähigkeiten einigermaßen realistisch einschätzen kann.

Am Tag, an dem wir unsere Abi-Noten erfuhren, standen wir vor unserem grauen Beton-Gymnasium auf dem Hof und feierten. Jemand hatte einen Grill angeworfen und mehrere Kästen Bier besorgt. Die Stimmung war ausgelassen, nur nicht bei mir. Ich hatte meine sowieso schon geringen Erwartungen an meine Note sogar noch unterlaufen. Plötzlich reichte mir einer meiner Freunde sein Handy. Ein Bekannter von ihm machte gerade ein Volontariat bei der *Süddeutschen Zeitung* und hatte die Aufgabe, im Lokalteil über die aktuellen Abi-Jahrgänge zu schreiben. Dafür brauchte er Zitate. Ich unterhielt mich einige Minuten mit dem Reporter, beantwortete Fragen und fasste dann meine Abitur-Erfahrung so zusammen: «Es ist das unrühmliche Ende einer unrühmlichen Zeit.»

Ich konnte den Reporter auf der anderen Seite der Leitung lachen hören.

«Guter Satz», sagte ich, wie der überhebliche und ahnungslose Depp, der ich damals war.

«Ziemlich guter Satz», sagte der Reporter.

Viele Jahre war ich sehr stolz auf dieses Zitat. Erst letztens kam mir der Artikel wieder unter, meine Mutter hatte ihn aus der Zeitung ausgeschnitten und in den Karton zu meinen alten Schulsachen gelegt. Ich war gerührt, als ich ihn fand. Vielleicht hatte sie recht gehabt, dachte ich, als ich das dünne Zeitungspapier in die Hand nahm, vielleicht war ich wirklich talentiert gewesen. Es war nur kein Talent, das mir in der Schule helfen konnte.

Dann las ich den Artikel und stellte fest, dass der Reporter den besonders guten Satz gar nicht benutzt hatte. Ich war einfach nur immer davon ausgegangen. Genauso wie meine Deutsch-Klausuren hatte ich auch die entsprechende Ausgabe der *Süddeutschen Zeitung* nie wieder gelesen, um meine Leistung zu überprüfen.

Damals, als ich vor der Schule stand, das Interview zu Ende war und ich das Handy weitergab, fühlte ich mich plötzlich besser. Nicht nur weil ich zufrieden mit meinem *überdurchschnittlichen* Sprachgefühl war. Sondern auch weil ich endlich begann, das Positive zu sehen. Die Schule war vorbei. Was auch hieß: Schlimmer würde es einfach nicht mehr werden.

Da kam Franz aus dem Gebäude, der Sohn des Landespolitikers, der sich an seine Schnürsenkel gefesselt hatte. Er sah mich und lief zu mir rüber, sein Abiturzeugnis in der Hand.

«Francesco! Welcher Schnitt?», fragte er.

«3,1», sagte ich.

Er warf die Arme triumphierend in die Höhe. «3,0», rief er und begann, hysterisch lachend, eine Siegerrunde über den Schulhof zu drehen. Es blieb einem gar nichts anderes übrig, als sich für ihn zu freuen.

LIEBE TUT WEH
(UND MANCHE MÖGEN
DEN SCHMERZ)

Herauszufinden, was aus alten Mitschülern geworden ist, gehört zu den Dingen im Leben, die theoretisch interessant klingen, einen in der Praxis aber immer ein bisschen enttäuschen. Wenn man gemeinsame Freunde und Bekannte fragt, was die heute machen, erfährt man häufig als Erstes (und oft Einziges), welcher Arbeit die ehemaligen Schulkameraden heutzutage nachgehen: *Ach*, Dimitri macht jetzt in Immobilien. Interessant. Und Sarah hat sich als Strickjackendesignerin selbstständig gemacht? *Wow*. Es ist ein bisschen paradox: Obwohl Arbeit in unser aller Leben eine große Rolle spielt, wirken Jobbeschreibungen eher selten so, als würden Menschen auch etwas erleben. Selbstverständlich gibt es Ausnahmen.

Als ich meine ehemalige Mitschülerin Molly nach vielen Jahren zum ersten Mal wiedersah, war ich zugegebenermaßen überrascht. Was daran lag, dass sie nackt war und mit verschränkten Beinen auf einem Tuch im Sand saß. Ein großes blaues Ypsilon verlief zwischen ihren Brüsten hinunter, außerdem hatte sie sich ein großes Herz auf den Oberkörper gemalt – es waren sogar drei Herzen, um genau zu sein. Eines prangte auf ihrem Brustbein. Die anderen beiden waren Emojis und strategisch über ihren Brustwarzen platziert, damit der Jugendschutz-Algorithmus von Facebook das Foto nicht sperrte. Unter dem Bild stand der Satz: «Mein Körper ist mein Lehrer.»

Wenn man wie ich – und viele meiner Altersgenossen – große Teile seiner Pubertät im Internet verbracht hat, entwickelt man fast zwangsläufig eine seltsame Faszination bei dem Gedanken, in den Weiten des Netzes eines Tages Nacktfotos von jemandem zu finden, den man kennt. Es sollte mir wohl peinlich sein, das zuzugeben. Aber inzwischen hat sich einfach herausgestellt, dass diese Vorstellung gar nicht so abwegig war. Die Geschichte des Internets hat gezeigt, dass es nicht viel braucht: einen gekränkten Ex-Freund, der aus Rache intime Fotos hochlädt, oder ein technisch versiertes Arschloch, das die Cloud von Apple hackt und einen Haufen Bilder, die niemanden etwas angehen, an den Meistbietenden versteigert. Alles schon passiert.

Die Fotos von Molly, die nun regelmäßig in meiner Timeline auftauchten, waren allerdings keine Hehlerware, und sie zeigten auch keine privaten Momente. Man sollte sie sehen, und sie wurden zu diesem Zweck von ihr selbst verbreitet. Ich konnte kaum hinsehen, aber irgendwie auch nicht weggucken. Es war wie bei einem Unfall – mit Nackten. Auf einem der Fotos stand sie im Schilf, ihre Nippel mit hautfarbenen Klecksen verpixelt. Ein brustwarzenloses Wesen, das sich zufrieden die Sonne ins Gesicht scheinen ließ. Ein anderes zeigte sie glücklich lächelnd und komplett nackt, den ganzen

Körper mit Matsch bedeckt, jede Rundung und Wölbung gut sichtbar. Darunter hatte sie geschrieben: «Vertraut euren Yonis!» Eine kurze Google-Suche verriet mir, dass Yoni in Sanskrit ein Sammelbegriff für Vagina, Vulva und Gebärmutter ist. Eine direktere Übersetzung wäre: heiliger Ort.

Ziemlich offensichtlich ging Molly einer Arbeit nach, die mit Sex zu tun hatte. Man musste also fast Respekt vor der Effizienz der Nacktheit haben, die sie in den sozialen Netzwerken zur Schau stellte – sie war Uniform, Arbeitsnachweis und Kundenakquise zugleich. Auf ihrer Webseite fand ich schließlich genauere Informationen: Ich erfuhr, dass sie am Sexological Bodywork Institute gelernt hatte und an der Erotic School of Mysteries, dass sie sogenannte Bodywork-Seminare gab, Intimitäts-Trainings und außerdem Kink-Workshops. Letzteres erklärte das Video auf ihrer Facebook-Seite, in dem sie eine andere Frau mit einer Lederpeitsche behandelte. Und wahrscheinlich auch jenes, in dem sie so tat, als lasse sie sich von einem lebensgroßen Teddybären den Hintern versohlen. «Aua, aua, aua. Böser Teddy, böser Teddy, böser Teddy.»

Weil ich nicht so richtig wusste, was ich mit dieser Entdeckung anfangen sollte, zeigte ich sie meinem Freund David, der mit Molly und mir zur Schule gegangen war.

«Ich finde, sie sieht glücklich aus», sagte er.

«Wie glücklich kann man sein, wenn man Nacktfotos von sich ins Internet stellt?»

«Aber schau doch, was sie darunterschreibt. Vielleicht ist sie einfach zufrieden. Ist doch egal, ob sie jemandem dafür einen runterholt.»

«Du meinst, DAS macht die?»

«Na ja, da steht Tantra. Das sind doch Massagen ... weißt schon ... mit *Happy End.*»

Ich kam zu dem Schluss, dass es nur eine Möglichkeit gab, das rauszufinden. Also, ob sie glücklich war. Nicht das mit den Massagen. Ich schob es dann allerdings doch einige Wochen vor mir her, ihr zu schreiben. Als ich es endlich tat, nahm ich ihre berufliche Mailadresse, weil das irgendwie professioneller wirkte. Außerdem begann ich meine Nachricht mit einer langen Vorrede, in der ich mich dafür entschuldigte, dass ich ihr so unvermittelt schrieb, und erklärte, dass ich auf keinen Fall *creepy* sein wollte.

Fünfzehn Minuten später schickte Molly mir eine Sprachnachricht per WhatsApp.

«Hey, du bist überhaupt nicht *creepy*», sagte sie, und ihre Stimme klang genauso wie früher. «Unheimlich ist nur, dass ich gerade gestern mal wieder an dich gedacht habe – und an die Sache damals ... Ich hoffe, es ist okay, dass ich eine Sprachnachricht schicke. Das geht schneller als Tippen. Und außerdem tut mir das Handgelenk weh, ich habe den ganzen Tag gearbeitet.»

Vielleicht, dachte ich, war das alles eine sehr dumme Idee gewesen.

Die *Sache* damals, die ich bisher unterschlagen habe, ist, dass ich sehr verliebt in Molly gewesen war. Und zwar mit sehr wenig Erfolg. Was meine Situation zusätzlich unangenehm machte, war der Umstand, dass Molly sehr an Liebe interessiert zu sein schien, nur nicht an der Sorte, um die es mir ging. In meiner Erinnerung hatte sie ständig etwas mit irgendwelchen Männern, was an meinen Gefühlen leider wenig änderte. Im Gegenteil, für eine sehr lange Zeit war Molly in meinem Leben die Referenzgröße für Verliebtsein, denn bei ihr hatte sich dieses Gefühl zum ersten Mal überhaupt nach etwas Intensivem angefühlt. Alle romantischen Erfahrungen, die ich zuvor gemacht hatte, waren seltsam steril gewesen.

Mit sechs Jahren hatte ich mich das erste Mal verliebt, in ein Mädchen Namens Elena, das in meine Grundschulklasse ging. Ich hatte natürlich keine Ahnung, was Liebe war, aber ich wusste damals schon, dass man sie am besten durch Geschenke artikuliert. Im Urlaub kaufte ich von einem Strandverkäufer eine Kette mit einer kleinen grünen Schildkröte. Ich verpackte sie und übergab sie Elena auf einer Geburtstagsfeier. Sie war überrascht und geschmeichelt. Und dann passierte ... nichts. Als ich sie Tage später auf dem Schulweg ganz beiläufig fragte, ob sie zufällig in jemanden verliebt sei, dachte sie einen Augenblick nach und sagte dann, ohne mich anzusehen: «Ich weiß noch nicht, entweder in dich oder in Max.»

Es wäre eine Untertreibung zu sagen, dass ich enttäuscht war. Ich konnte mir beim besten Willen nicht erklären, wie man bei einer so fundamentalen Frage unentschieden sein konnte. Sicherlich wusste man doch einfach, wen man liebte und wen nicht. Allerdings konnte ich nicht ausschließen, dass Max ihr auch eine Kette gekauft hatte.

Dann gab es da noch Linda, sie war mein erster Kuss. Wir knutschten betrunken auf einer Parkbank, und zu meiner großen Überraschung waren wir am nächsten Tag zusammen. Zumindest begrüßten wir uns in der Schule mit einem Kuss und hielten Händchen. Doch spätestens in der ersten Pause bekam ich Zweifel. «Echt, du hast mit Linda geknutscht?», fragten meine Freunde. Die einen klangen so, als hätte ich etwas Unverzeihliches getan. Die anderen so, als wären sie wirklich gern dabei gewesen. Beides war mir so unangenehm, dass ich Linda in der zweiten Pause beiseitenahm und ihr erklärte, dass es wohl nichts werden würde mit uns. Sie sah nicht begeistert aus, widersprach aber nicht. Wir gaben uns die Hand und verabschiedeten uns nach der Schule wie Freunde. Es war die längste Beziehung meiner Schulkarriere.

Bei Molly brauchten meine Gefühle etwas länger. Ich lernte sie kennen, als meine Klasse in der zehnten Jahrgangsstufe mit ihrer zusammengelegt wurde. Sie war ein großes Mädchen, in jeder Hinsicht. Ich mochte sie sofort, und sie kam sofort mit meinem Freund Danny zusammen, was kein Wunder war, denn Danny war cool. Außerdem war er der Einzige in der Klasse, der ihr körperlich gewachsen schien. Er war ein Jahr älter als alle anderen, der Glückliche war sitzen geblieben.

Durch meine Freundschaft zu Danny verbrachte ich automatisch Zeit mit Molly. Ich war das sprichwörtliche dritte Rad am Wagen. Wir gingen aus, ich versuchte, Molly zum Lachen zu bringen, und freute mich heimlich, wenn sie und Danny sich stritten. Es war eigentlich sehr lustig. Bis wir eines Abends, es war Halloween, mit einer Gruppe von Freunden um die Häuser zogen, Molly irgendwann kollabierte, in ihrem Erbrochenen auf dem Boden lag und ihrem Freund in einem vom Delirium verursachten Anflug von Ehrlichkeit eröffnete, dass dies nicht das erste Mal war, dass sie an diesem Tag oder gar in dieser Woche gekotzt hatte. In unserer Verzweiflung riefen wir Dannys Vater an, und als der kam, hievten wir die benommene Molly in sein Auto. So verschwand sie für ein paar Monate aus meinem Leben.

Als sie in die Schule zurückkehrte, ging es mit meinen Gefühlen für sie so richtig los. Es war, als hätten ihre Abwesenheit und die spärlichen Nachrichten aus der Klinik, in der sie wegen der Bulimie behandelt wurde, wie ein Katalysator gewirkt. Danny hatte inzwischen mit ihr Schluss gemacht, was mich einerseits freute und gleichzeitig empörte. Wie konnte er sie in *dieser Situation* nur allein lassen! Molly allerdings schien es nicht zu stören, sie genoss ihr Leben als Single, feierte viel, trank viel und ging regelmäßig mit Männern nach Hause, was ich weiß, weil ich auf denselben Partys war und sie nicht aus den Augen ließ. Man musste es ihr lassen, sie machte wirklich keine Unterschiede: Männer aller Art passten in ihr Beuteschema, Größe, Ethnie, Körperbau, Haarfarbe. Alles egal. Das Einzige, was alle Männer gemeinsam hatten, war der Umstand, dass sie nicht ich waren. Wenn ich einmal eine Party verpasste, war ich trotzdem immer bestens über Mollys Liebesleben informiert, weil andere natürlich über sie lästerten. Ich hörte das alles nicht gerne und ließ es mir doch jedes Mal genaustens und möglichst detailreich erzählen. Ich weiß auch nicht, warum. Vielleicht fand ich die Vorstellung romantisch, dass wir uns beide gerne ficken ließen.

Nur ein einziges Mal kam ich ihr nahe. Auf dem letzten Abend unserer Abifahrt. In einer runtergekommenen Diskothek in Rimini tanzten wir spätnachts betrunken miteinander. Doch bevor ich etwas sagen oder tun konnte, riss sie sich von mir los und lief davon.

Kurz darauf torkelte auch ich zurück in unser Hotel auf der Suche nach meinem Freund Anton. Ich öffnete seine Zimmertür und sah Molly auf seinem Bett liegen. Ein Anblick, der mich gemessen an meinen Erfahrungen eigentlich nicht hätte schockieren sollen. Aber in diesem speziellen Fall war die Sache komplizierter. Anton war nicht nur mein Freund, er war auch speziell der Freund, den ich regelmäßig mit meinen unglücklichen Gefühlen über Molly vollheulte. Das war dann selbst mir unangenehm. Ich verließ das Hotel wieder und irrte mit Tränen in den Augen über den Strand von Rimini, bis ich zu einem langen Steg kam, der aufs Meer hinausführte. Die Sonne war inzwischen aufgegangen, der Wind und die Wellen mischten sich zu einem lauten Rauschen. Ich kam mir vor, als sei ich in einem Film. Also begann ich, als ich am Ende des Stegs angekommen war, so laut zu schreien, wie ich konnte. Ich brüllte all die Frustration und den Schmerz, der sich in mir angestaut hatte, aufs Meer hinaus.

Auf dem Weg zurück den Steg hinunter kam mir mein Freund David entgegen, betrunken und bestens gelaunt. Er fragte mich, wie es mir gehe, aber ich winkte ab, ohne stehen zu bleiben. Und weil es eben kein Film war, sondern das echte Leben, wartete David noch einen Augenblick, bis ich außer Sichtweite war, zog sich die Hose runter, hockte sich dort, wo ich meine unglückliche Liebe den Wellen übergeben hatte, über das Geländer des Stegs und kackte ins Meer.

Verständlicherweise dachte ich nicht gerne an dieses Kapitel meiner Jugend zurück. Und ich hatte eigentlich auch keine Pläne, das zu ändern. Da die Geburt meines Sohnes aber sowieso schon allerlei unangenehme Erinnerungen an mein Aufwachsen zurückbrachte – und ich begann, diese Erinnerungen in ein Buch zu verwandeln –, beschloss ich, das Beste aus der Situation zu machen und Mollys unbekleidete Rückkehr in mein Leben als eine Art kosmisches Signal zu deuten. Als eine Chance, an der man als Autor einfach nicht vorbeilaufen darf.

Ich bat sie um ein Treffen, und sie schlug mir per Sprachnachricht einige Termine vor.

«Am 14. habe ich den ganzen Tag Zeit, aber da hast du wahrscheinlich was Besseres zu tun, als dich mit mir zu treffen», sagte sie, was ich überhaupt nicht verstand. Bis meine Frau mich daran erinnerte, dass wir Februar hatten und Molly vermutlich davon ausging, dass ich den Valentinstag lieber mit meiner Frau verbringen würde als mit ihr. Wir waren beide richtig gerührt, dass uns jemand so viel Romantik unterstellte.

«Du siehst noch aus wie früher», sagte Molly schließlich, als wir uns in der Stadt, in der sie lebte, in einem Café trafen. Auch sie sah noch genauso aus, wie ich sie in Erinnerung hatte – vor allem war sie immer noch einen Zentimeter größer als ich. Sie trug einen hochgeschlossenen Rollkragenpullover, was ich vermutlich nur deshalb registrierte, weil er in so scharfem Kontrast zu der Pullilosigkeit stand, die ich in der Zwischenzeit von ihr gewohnt war.

Wir setzten uns und begannen zu reden.

Bevor ich losgefahren war, hatte ich mir natürlich einen Plan gemacht. Mein ehrgeiziges Ziel war es, mit diesem einen Treffen gleich zwei Dinge zu erledigen. Erstens wollte ich Mollys Sichtweise der Dinge den nötigen Platz einräumen. Geschichten unerwiderter Liebe, dachte ich mir, werden ja immer aus der Perspektive des Verliebten erzählt, die Adressaten dieser Liebe kommen meistens nur am Rande vor. Mir schien es einigermaßen kreativ, das einmal umzudrehen. Und – sind wir ehrlich – irgendwie auch *ehrenhaft*.

Zweitens erwartete ich auch ein wenig Genugtuung. Ich hätte von Molly niemals eine Entschuldigung verlangt. Dennoch war ich damals ja recht offensichtlich der Leidtragende gewesen – und das würde sie ja sicher auch so sehen. Warum sonst sollte sie heute noch ab und zu an mich denken? Ich ging also davon aus, dass es neben der Konzentration auf ihre Sicht auch zu einer umfänglichen Anerkennung meines Schmerzes kommen würde. Wie sich allerdings herausstellte, schlossen sich diese beiden Dinge gegenseitig aus.

«Ich hatte damals überhaupt nicht auf dem Radar, dass du in mich verliebt warst», sagte Molly, «und als ich es dann wusste, war es mir ehrlich gesagt ein bisschen egal.»

Das Problem mit den Perspektiven anderer Leute ist, dass sie die unangenehme Eigenschaft haben, nicht mit der eigenen übereinzustimmen. Auch wenn mir meine Gefühle für Molly damals allgegenwärtig und offensichtlich vorkamen, hatte ich doch sehr wenig bis gar keinen Gedanken daran verschwendet, ob sie auch wahrgenommen wurden. Schmachtende Blicke und dumme Witze sind zwar unvermeidlich Teil von Liebesangelegenheiten, aber am Ende einfach keine verbindliche Kommunikation. Das musste ich eingestehen – und gleichzeitig war es keine sehr hilfreiche Lektion. Denn als Molly irgendwann erfuhr, wie ich empfand, machte das die Sache auch nicht besser: Vollkommen zu Recht konnte niemand von ihr verlangen, dass sie wegen *meiner* Gefühle *ihr* Verhalten ändern würde. Und passenderweise sah sie das schon damals genauso. «Ich dachte mir: Pech! Dann muss er sich halt eine andere suchen.»

Es war keine besondere Freude, diesen Satz zu hören, es war aber genauso schwierig, ihm zu widersprechen. «Ich kann zu meiner Verteidigung nur anführen», sagte ich, «dass mir damals niemand gesagt hatte, dass das eine Option war.»

Auch die Sache mit der Promiskuität stellte sich im Laufe unserer Unterhaltung als etwas komplizierter dar. Ja, sagte Molly, sie habe immer ein besonderes Verhältnis zu Männern gehabt. Immerhin seien es Männer gewesen, die ihr seit ihrem zwölften Lebensjahr mit Blicken und Worten das Gefühl gaben, etwas Besonderes zu sein. Besonderer jedenfalls als ihre noch kindlich aussehenden Altersgenossinnen. Aber es war eben beides wahr: Sie war immer schöner, größer, reifer als andere. Und gleichzeitig wurde sie von anderen immer größer, schöner und reifer gemacht, als sie vielleicht war. Auch von mir. Aber nicht nur. Ein Junge, mit dem sie während der Schulzeit eine Beziehung hatte, traute sich einen Monat lang nicht, mit ihr zu schlafen, weil er sich von ihr eingeschüchtert fühlte. Und in der Gruppentherapie, die sie wegen ihrer Bulimie besuchte, unterstellte ihr eine andere Patientin, sie sei so selbstbewusst, sie könne gar keine «echte Essstörung» haben.

Wenig überraschend war sich Molly stets bewusst, wie die Leute auf der Schule über sie redeten. Es war ihr einfach nur egal. Aus ihrer Sicht tat sie schlicht Dinge, die ihr Freude machten. «Und Körperlichkeit war für mich einfach schon immer viel einfacher als Unterhaltungen», sagte sie, was ich sofort verstand, weil es bei mir eigentlich immer schon genau umgekehrt gewesen war. Deswegen schrieb ich jetzt ein Buch, und sie war diejenige, die Intimitätskurse gab. Als ich ihr dann aber eröffnete, wie viel Sex ihr damals unterstellt wurde, war sie doch ein wenig überrascht. «Ja, ich bin öfter mal mit Jungs nach Hause gegangen – aber was ich dort mit denen gemacht habe, weiß doch keiner. Ich habe es jedenfalls niemandem erzählt.» Auch dieser Argumentation hatte ich einfach nichts entgegenzusetzen.

«Wenn ich so richtig überlege, habe ich von all den Männern während der gesamten Schulzeit nur mit zweien wirklich geschlafen», sagte Molly. Sie wusste es noch so genau, weil es in unserer Abizeitung eine Art Stammbaum gegeben hatte, der minutiös auflistete, welcher Schüler mit welcher Schülerin im Laufe der Jahre «etwas gehabt» hatte. Auf das Kästchen mit Mollys Namen waren sehr viele Pfeile zugelaufen. Mehr als bei den meisten anderen.

«Kannst du dich daran erinnern?», fragte sie, was ich bejahen musste. Ich hatte ihn recht gut vor Augen. Ich weiß noch, dass ich es hasste, ihn anzusehen. Ich hatte allerdings auch geholfen, ihn zu entwerfen.

Von all den Dingen, die Kinder lernen müssen, ist Liebe vielleicht das komplizierteste. Weil sie einem niemand beibringt. Man lernt, in dem man anderen zuguckt, vor allem Erwachsenen. Wenn man genug von denen kennengelernt hat, stellt sich allerdings heraus, dass die auch keine Ahnung haben. Da ist es vorprogrammiert, dass Missverständnisse entstehen. Das zu verstehen, hilft, glaube ich, immens. So werde ich, wenn mein Sohn eines Tages zu mir kommt und wissen will, wie Liebe funktioniert, zwar keine klare Antwort haben – aber zumindest werde ich ihm erklären können, wie man es auf *keinen Fall* machen sollte.

Im Nachhinein betrachtet, war meine Verliebtheit in Molly nichts Schönes oder Erstrebenswertes. Ich fühlte mich auf der einen Seite von ihrer Promiskuität angezogen und war auf der anderen überzeugt davon, dass sie Ausdruck von Schmerz und Unglück war. Und so sahen es auch viele meiner Mitschüler: Mit so vielen Männern rumzuknutschen, kann einen ja nicht glücklich machen, dachten wir. Eine naive Haltung, die wirklich nur Teenager haben können. Die meisten Erwachsenen, die ich kenne, würde sagen: Man kann es ja zumindest mal probieren.

Wie Molly mir auf unserem Treffen mit beeindruckender Offenheit erklärte, stimmte es zum Teil sogar. *Natürlich* war ihr Verhalten durch ihre Erfahrungen und Unzulänglichkeiten geprägt. Aber nach so vielen Jahren war das für mich keine tiefgreifende Erkenntnis. Heutzutage wäre es sehr viel beeindruckender, jemanden zu treffen, bei dem das Gegenteil der Fall war. Das zu verstehen, hätte mir damals allerdings nicht geholfen. Denn in Wahrheit wollte ich gar nicht, dass es ihr gut ging. Das hätte meine Vorstellung gestört, ihr Retter zu sein. Auf perverse, fast unverständliche Weise war mein Unglück das Fundament meines Selbstbildes: Je mehr Laster sie zu haben schien, umso wichtiger wurde meine Tugend. Je schlechter es ihr ging, umso größer war die potenziell heilende Kraft meiner Gefühle für sie. Dass sie kein Interesse an ihnen hatte, ignorierte ich einfach. Was irgendwie logisch war: Es ging bei meinen Gefühlen eben hauptsächlich um mich.

Heute, 17 Jahre nach unserer gemeinsamen Schulzeit, war ich da natürlich weiter – aber nicht sehr viel. Ich wünschte mir zwar sehr aufrichtig, dass es Molly gut ging, bevor wir uns trafen. Aber ich unterstellte ihr immer noch, dass ihr Verhalten Ausdruck von irgendwelchen Problemen sei. Anders konnte ich mir die Fotos, die ich von ihr im Netz fand, nicht erklären. Nach unserem Treffen jedoch begann ich, sie nicht als Symptom ihrer Schmerzen zu verstehen, sondern als ihre Lösung. Fürs Protokoll: Sie hatte in ihrem Job mit niemandem Sex. Und es gab auch keine *Happy Ends*. Es ist gar nicht so einfach, das vielfältige Aufgabenprofil einer Sexologin – oder wie immer man ihren Beruf bezeichnen mochte – in seiner Gesamtheit darzustellen, Molly verbrachte auf unserem Treffen jedenfalls viel Zeit damit, es mir zu erklären. Die Kurzversion lautete so: Sie half Menschen, durch Massagen und Coaching mit ihrer Sexualität, ihren Unsicherheiten und Verletzungen umzugehen. Und heilte damit ihre eigenen.

Ihre Arbeit gab ihr das Selbstbewusstsein, das ihr zwar immer unterstellt, aber so viele Jahre gefehlt hatte. Vor allem die Akzeptanz ihrer *Kinks* war dabei wichtig, erklärte sie mir. Der Begriff lässt sich grob mit «Knick» übersetzen und meint die Abweichung von einem geraden, also *normalen* Sexualverhalten. Die Auseinandersetzung mit ihren Abweichungen – sie mochte es, gefesselt zu werden – bezeichnete Molly bei unserem Treffen als die «heilsamste Zeit» ihres Lebens. Sie weckte in ihr das Bedürfnis, anderen dabei zu helfen, ähnliche Erfahrungen zu machen. Es motivierte sie dazu, ihren anstrengenden und gleichzeitig unterbezahlten Job in einer renommierten Agentur aufzugeben und sich selbstständig zu machen. Und letzten Endes gab es ihr genug Selbstvertrauen, nach ein paar Jahren zu entscheiden, nur noch mit Frauen arbeiten zu wollen. «Ich habe lange Zeit gedacht, ich könnte nur Erfolg haben, wenn Männer das haben wollen, was ich zu bieten habe. Heute weiß ich, das stimmt nicht.» Sie selbst nennt ihren Beruf inzwischen «Frauenheilarbeit».

Es gab noch einen zweiten Grund, warum Molly aufgehört hatte, mit Männern zu arbeiten. Sie glaubte, dass es ihre Chancen erhöhte, einen Partner zu finden. «Ich habe viel im Leben erreicht, aber eine langfristige Beziehung ist nicht darunter.»

Das lag nicht daran, dass Molly es in den vielen Jahren seit unserer Schulzeit nicht versucht hätte. Sie machte allerdings die Erfahrung, dass sie für die meisten Männer immer nur ein Abenteuer war, ein Hippie-Mädchen, mit dem man Spaß haben konnte, das für eine echte Beziehung aber nicht infrage kam. Sie musste feststellen, dass die Art Zuneigung, die sie seit frühester Jugend von Männern bekam, nicht die Art Zuneigung war, die sie eigentlich wollte. Und es dauerte einige Jahre, bis sie selbst lernte, die beiden auseinanderzuhalten. Molly und ich hatten also mehr gemeinsam, als ich gedacht hatte. Wir waren beide schon in Menschen verliebt gewesen, die unsere Gefühle nicht erwiderten. Der Unterschied war nur, dass ihre trotzdem mit ihr schliefen.

Das war auch der Grund, warum sie heute noch ab und zu an mich dachte. Sie wollte sich daran erinnern, wie es war, wirklich gemocht zu werden. «Das zu erkennen, ist etwas, was man lernen muss. Ich zumindest», sagte Molly, und ich freute mich, dass ich offenbar auch ihre Referenzgröße für Verliebtsein geworden war. Ein bisschen zumindest. Und irgendwie umgekehrt. Ich beschloss, dass dies das Maximum an Genugtuung war, das ich diesem Tag erwarten konnte.

Am Ende stellte sich das Treffen mit Molly als sehr viel unterhaltsamer heraus, als ich erwartet hatte. Überraschenderweise machte es große Freude, mit jemandem zu sprechen, in den man mal unglücklich verliebt war. Wir unterhielten uns zwar über unangenehme und peinliche Dinge, aber die waren so lange her, dass es uns inzwischen egal war. Es war, als befänden wir uns in einem geschützten Raum. Wie bei Mollys *Kink*-Seminaren. Man könnte sagen, wir betrieben BDSM für die Seele.

«Kannst du mir etwas erklären?», fragte ich gegen Ende unseres Treffens. «Was ist so heilsam daran, sich auspeitschen oder fesseln zu lassen?»

Sie überlegte einen Augenblick: «Dass du die Möglichkeit hast, zu weinen und zu schreien. Sozusagen den Schmerz der Kindheit rauszulassen. Weißt du, als Kind willst du Nein sagen, ganz oft, aber du kannst nicht. Und als Erwachsener durchlebst du dann etwas freiwillig, hast aber die Möglichkeit, Nein zu sagen, wenn du möchtest, und das wird auch respektiert. Das kann einen befreien.»

«Das verstehe ich, glaube ich.»

«Und hinterher nimmt dich jemand in den Arm und hat dich lieb. Nicht so wie in der Kindheit.»

Und dann erzählte sie mir von der Zeit, als sie noch klein war und sich ihr Großvater nachts immer heimlich in ihr Bett gelegt hatte. Sie erinnerte sich erst Jahre später daran, als der Mann schon gestorben war. «Jeder von uns hat Menschen im Leben, die uns Schmerzen zugefügt haben», sagte Molly. «Das Unfaire ist, dass man selbst dafür sorgen muss, dass sie weniger werden.»

In Wahrheit begleitete mich die Sache mit Molly gar nicht so viele Jahre, weil meine Gefühle für sie so intensiv waren oder weil ich nicht von ihr loslassen konnte. Es war schlimmer: Ich konnte nicht von mir selbst lassen. Von dem Typen, der ich damals war. Der machte mich viel wütender, als Molly es jemals konnte. Weil er sich so lange und so selbstmitleidig in seinem Unglück gesuhlt hatte. Manchmal stellte ich mir vor, eine Zeitmaschine zu bauen, in die Vergangenheit zu reisen und ihm ein wenig Vernunft einzuprügeln. Aber das war einfach nicht möglich. Für seine Gefühle auf die Fresse zu bekommen, hätte diesem kranken Typen sicher noch gefallen.

«Vielleicht war unglücklich verliebt sein einfach dein Kink», sagte Molly.

Ich musste an eine andere Kette denken, die ich mal verschenkt hatte. Eines Nachts hatte ich Molly meine Liebe gestanden, betrunken an einer Bushaltestelle. Ich hatte die Kette mit dem Kreuz abgenommen, die ich damals um den Hals trug, Molly erklärt, das sei die Kette meiner Großmutter, und sie ihr, ohne zu fragen, um den Hals gelegt. Als Erinnerung daran, dass ich sie ewig lieben würde.

Aus dieser Ewigkeit wurden dann doch nur drei Wochen. Nachdem ich sie mit Anton im Bett gesehen hatte und herauskam, dass beide schon länger eine Affäre hatten – was offenbar jeder wusste außer mir –, wollte ich die Kette unbedingt zurück. Ich weiß noch, dass wir uns in einem Restaurant trafen, wo ich ihr erklärte, dass sie die Kette nicht verdient hatte. Und dass ich darauf bestand, die Rechnung für uns beide zu bezahlen.

In Wahrheit war die Kette kein Erbstück. Sie war nicht mal ein richtiges Geschenk. Ich wollte damals einfach eine Kette mit Kreuz, weil ich es cool fand. Meinen Eltern war das eher peinlich, und sie machten keine Anstalten, mir eine zu kaufen. Also gab mir meine Großmutter ein altes Kreuz, das sie noch in einer Schublade rumliegen hatte. Es war groß und klobig und ausgesprochen hässlich. Ich hing es mir trotzdem um den Hals. Wahrscheinlich wollte ich einfach unbedingt etwas Wertvolles haben. Zum Weggeben.

HÜHNERBRUST

Der Körper eines Kleinkindes ist eine ästhetische und technische Meisterleistung. Nicht nur balanciert er einen überproportional großen Kopf auf seinen schmalen Schultern, er steht und sitzt auch immer gerade und ist locker und flexibel, als wäre er ganz frisch gestretcht. Er sieht gleichzeitig robust und doch verletzlich aus, speckig, aber definiert. Als würde ein kleines Renaissance-Gemälde durch die Wohnung hüpfen.

Mit offenem Mund schaut man zu, wie der Kinderkörper Dinge macht, die man selbst nie hinbekommen würde. Etwa wenn das Kind lernt aufzustehen: Es streckt den Hintern in die Höhe und verbleibt in einem perfekten *herabschauenden Hund*. Dann verlagert es den Schwerpunkt nach hinten, schiebt den Körper über die Beine und erhebt sich aus einem schulbuchhaften *Squat*. Überhaupt scheint das Kind viele Bewegungen instinktiv richtig zu machen, die Erwachsene mit viel Mühe in Fitness- und Kampfsportkursen lernen müssen – richtig aufstehen, abrollen, sich aus einer Umklammerung befreien.

Natürlich weiß das Kind nicht zu schätzen, dass es körperlich gerade seine beste Zeit durchlebt. Was traurig ist, denn früher oder später wird es mit seinem Körper unzufrieden sein. Ganz einfach weil das bei jedem so ist. Mit seinem Körper unzufrieden zu sein, ist ein normaler Entwicklungsschritt im Leben eines Menschen. Entscheidend für das Glück des Kindes ist allein die Frage nach der Dauer und der Intensität.

10 bis 15 Jahre

Wenn man noch ein Kind ist, liegt der perfekte Körper in der Zukunft. Es scheint unausweichlich, dass man ihn bekommt. Die Comicbuch- und Filmfiguren, die man bewundert, haben ihn ja auch. Warum soll man nicht eines Tages die gut definierten Trapezmuskeln von Superman haben? Oder den dicken Bizeps von Arnold Schwarzenegger? Dass alle Erwachsenen, mit denen man im Alltag zu tun hat, überhaupt nicht so aussehen, lässt sich leicht erklären. Die sind alt. Und irgendwo zwischen Kind und alt, da liegt das *Fight Club*-Sixpack von Brad Pitt. Außerdem heißt es doch immer: Iss, damit du groß und stark wirst. Man stopft also weiter *Kellogg's Coco Pops* in sich hinein, bis die Pubertät einsetzt. Und dann ist man auf einmal fett.

Aber das ist kein Problem. Theoretisch. Der Körper verändert sich, das Testosteron beginnt zu fließen. Ein bisschen Sport würde jetzt einiges verändern. Leider sind Zigaretten auch geil. Und viel leichter zu bekommen. Wenn es Sport für sechs Mark am Automaten gäbe, man würde jeden Tag eine ganze Packung rauchen. Gibt es aber nicht. Also geht man aus, feiert, trinkt und steckt sich eine Kippe nach der anderen ins Gesicht. Wozu bitte braucht es Sport?

Leider beginnt, wie schon erwähnt, das Testosteron zu fließen, und man hat plötzlich das Bedürfnis, beim Rauchen attraktiv auszusehen. Und zwar dringend. Der Druck steigt. Und nein, mit dem älteren Mädchen aus der Schule, die gesagt hat, man solle das T-Shirt aus der Hose ziehen, so einen «Traumbody» hätte man auch nicht, hat das nichts zu tun. Okay? Gut.

Zu Hause herrschen unterschiedliche Vorstellungen darüber, welche Arten von körperlicher Ertüchtigung legitim sind. Man selbst mag Fußball, seitdem man 2001 im DSF sah, wie die *AS Rom* zum ersten Mal nach zwanzig Jahren die italienische Meisterschaft gewann. Die begeisterten Fans stürmten schon vor Abpfiff den Platz und rissen den Spielern die Trikots vom Leib. Ihrem Kapitän Francesco Totti – der eleganteste Fußballer mit dem schönsten Namen, den man jemals sah – klauten sie sogar die Hose! Er musste, nur in seinem weißen Slip, auf der Ersatzbank Platz nehmen und warten, bis das Spiel weitergehen konnte. Fußballer in Unterhosen wurden zum Ideal.

Leider hat der eigene Vater als junger Mann Leichtathletik gemacht und ist Ski gefahren. Folglich gelten ausschließlich diese Disziplinen als *echter* Sport. Alles andere sind *Spiele* (mit Ausnahme von Boxen und, natürlich, Rugby).

Zur Wintersportsaison dringt am Wochenende jeden Morgen lautes Geschrei aus dem Wohnzimmer.

«JA, JA, JA!»

«ZWEI ZEHNTEL.»

«UNGLAUBLICH, UNGLAUBLICH.»

Man kommt dazu und stellt fest, dass der Mann im Fernsehen den verschneiten Berg haargenau so runtergefahren ist wie der Mann zuvor. Und der Mann danach. «Die fahren so schnell wie Autos», sagt der Vater begeistert. «Die haben richtig dicke Oberschenkel, da ist unglaublich Druck drauf.» Man versteht: In dieser Familie misst sich die Qualität eines Männerkörpers an der Dicke der Beine. Nur ist man an Beinen leider überhaupt nicht interessiert.

Ein Sport muss also her. Tennis? Würde gehen, leider sind Tennisklub-Mitglieder irgendwie so unangenehm. Leichtathletik? So naiv ist man jetzt auch nicht, den Sport zu machen, den auch der eigene Vater betrieb. Also doch zur Ursprungsidee. Fußball. Probetraining. Ein alter, dicker Mann mit Bierfahne brüllt wütend Befehle über den Platz. «Hände aus den Taschen, sonst werden sie zugenäht!» So hat noch nie jemand mit einem gesprochen. Es ist heiß. Das Gras juckt an den Beinen. Man schießt kein Tor, und niemand reißt einem die Klamotten vom Leib. Enttäuscht lässt man es wieder bleiben.

15 bis 20 Jahre

In Wahrheit will man gar keinen Sport machen. Man will nur einen Körper, mit dem man zufrieden ist. Man braucht dafür nicht unbedingt mehr Muskeln. Es dürfen auch bedeutend weniger sein. So Heroin-Chic wie bei dem Rocker Pete Doherty, der seine dünnen Beine in enge Röhrenjeans quetscht. Oder wie bei diesem Sänger von The Strokes.

Der erste Schritt wäre es, Diät zu machen. Das kommt

aber nicht infrage. Also springt man zu Schritt zwei: Gitarre lernen. Wie sich herausstellt, ist Gitarre spielen zwar anstrengend, doch nicht so sehr, dass man dabei Fett verbrennt. Vielleicht liegt es aber auch am Lehrer. Der sieht überhaupt nicht aus wie Pete Doherty. Oder wie dieser Sänger von The Strokes. Eher wie ein fleischiger Harley-Davidson-Fahrer mit Glatze. Auf den Fotos, die in seiner Wohnung hängen und ihn beim Gitarrespielen zeigen, hat er noch volles, langes Haar. Er behauptet, das harte Wasser in München hätte sie ihm ausfallen lassen. Es wird aber schnell deutlich, dass es wohl an seinen Schülern liegt. Jedes Mal, wenn man ihm vorspielt, was man seit der letzten Stunde nicht geübt hat, schaut er einen traurig an und fährt mit der Hand durch das nicht mehr vorhandene Haar.

Außer an dem einen Mal, an dem man offensichtlich etwas richtig gemacht hat. Da klopft er einem freudig auf die Schulter, macht nach der Stunde noch zwei Bier auf und legt eine DVD von Whitesnake ein. Ein Gitarrist mit nacktem Oberkörper spielt ein schwindelerregendes Solo. «Das ...», sagt der Gitarrenlehrer und zeigt auf den Fernseher, «... ist besser als Sex.» Es bleibt einem nichts anderes übrig, als ihm da zu vertrauen.

Da man sowohl an mehr als auch an weniger Körper scheitert, bleibt man gefangen in teigiger Mittelmäßigkeit. Sie wird einem jeden Tag vom Spiegel vorgeführt. Man mag den Anblick nicht, guckt aber trotzdem hin. Heute heißt es, Instagram und Facebook seien besonders schädlich für die Jugend. Aber niemand hat das Selbstbewusstsein junger Männer und Frauen nachhaltiger beschädigt als die Spiegel-Industrie. Eine ganze Branche aufgebaut auf Leid.

Einen letzten Versuch noch. Liegestütze. In den Filmen machen das die Männer im Gefängnis, um fit zu bleiben. Man trainiert jeden Tag, bis einem die Schulter wehtut. Dann trainiert man weiter, denn wegen Schulterschmerzen geht man nicht zum Arzt. Das harte Regime führt zu Ergebnissen. Nur nicht zu denen, die man sich gewünscht hatte. Die Brustmuskeln sehen ... ungleich aus. Toll. Man hat sich tatsächlich noch hässlicher gemacht. Ein Freak mit unterschiedlich großen Brüsten. Unvorstellbar, dass irgendjemand so leben will.

20 bis 25 Jahre

Endlich Student, endlich eine neue Stadt. Hervorragende Gelegenheit, um sich auch körperlich komplett neu zu erfinden. Passenderweise werden seit einiger Zeit überall Rabatte für Fitnessstudios angeboten, wirklich jeder, den man kennt, hat eine Mitgliedschaft. Diesmal will man die Sache professioneller angehen. Das Internet hilft dabei: Was man bisher gemacht hat – Liegestütze –, das waren sogenannte Eigengewichtsübungen, *Bodyweight Exercises* oder auch *Calisthenics* genannt. Solche Übungen sind gut für die Kraftausdauer. Die *Hypertrophie*, die Verdickung der Muskelfasern, die ist allerdings besser durch hartes und gezieltes Krafttraining mit schweren Gewichten zu erreichen. Allein für die Brust gibt es eine Vielzahl von Möglichkeiten, den *Pectoralis Major*, oder kurz *Pec*, aus den verschiedensten Winkeln zu überladen. Von der *Bench Press*, der *Incline Bench Press* und der *Decline Bench Press* über die *Dumbbell*

Press und die *Dumbbell Flys* bis hin zur *Fly Machine,* den *Cable Crossovers* und den einseitigen *Cable Flys.*

Entscheidend sind neben einem rigorosen Training eine ausgiebige Erholungszeit und die richtige Ernährung. Nur so sind Muskelzugewinne, *Gains,* garantiert. Wie wichtig eine strenge Diät ist, erfährt man auch von den Schauspielern, die nun in Filmen jene Superhelden spielen, die man als Kind in Comicbüchern bewundert hat. In Interviews sprechen sie ausgiebig über ihre *Body Transformation* und die Ernährungstricks, die ihnen geholfen haben, ihre Superheldenkörper zu bekommen.

Tom Hardy: «Wir aßen Huhn und Brokkoli, den ganzen Tag.»

Chris Hemsworth: «Das Essen war das Schwierigste. Es gab reichlich Hühnerbrust und andere Tierproteine.»

Michael B. Jordan: «Eineinhalb Jahre Hühnchen und brauner Reis.»

Jason Momoa: «Du isst einfach ein gekochtes Hühnchen alle zwei Stunden. Dann bekommst du so einen Körper.»

Jedes Mal, wenn man ins Gym geht, quält man seinen Körper zwei Stunden lang durch ein Ganzkörpertraining. Am nächsten Tag tut einem alles weh. Gut. Man kann die Muskeln praktisch wachsen spüren. Am Tag darauf ist der Muskelkater immer noch da. Vielleicht lieber noch einen zweiten *Rest Day* einlegen. Und einen dritten. Erholung ist ja essenziell. Die ausgefallenen Trainingstage werden mit zusätzlichen Portionen Hühnchen und Reis kompensiert. Und mit Bier. Das ist, hat man ebenfalls im Internet gelesen, *isotonisch,* also irgendwas mit Sport. Es bietet sich an, jetzt einige Einheiten Ausdauertraining, also *Cardio,* einzuschieben. Das macht nur leider keinen Spaß. Was vielleicht am Rauchen liegt. Wahrscheinlich ist die Zeit gekommen, das mit den Zigaretten endlich sein zu lassen. Aber es heißt ja, dass man dick wird, wenn man aufhört. Also lieber kein Risiko eingehen.

Die Ergebnisse, stellt man fest, halten sich in Grenzen. Der Brustumfang bleibt unverändert. Was vielleicht daran liegt, dass man die *Rest Days* mehr genießt als die Trainingstage. Eigentlich geht man überhaupt nicht gerne ins Fitnessstudio, das sind seltsame Orte. Das größte Problem ist, dass man ständig von allen anderen beobachtet wird. Das zweitgrößte, dass man ständig alle anderen beobachten kann. Es wirkt sich schlecht auf die Motivation aus, wenn der Typ neben einem 70 Kilo wegdrückt, man selbst aber mit zehn zu kämpfen hat. Besonders unangenehm ist es, wenn das Studio voll ist und jemand fragt, ob man sich abwechseln kann. Dann muss man immer seine *kleinen* Gewichte von der Stange räumen, damit der andere seine *großen* dranhängen kann.

Wie schon erwähnt gehen wirklich alle Kommilitonen ins Fitnessstudio, und einige scheinen dort sehr viel mehr Spaß zu haben als man selbst. Leute, die man im ersten Semester noch für verdammte Streber hielt, verwandeln sich bis zum dritten Semester in drahtige Kampfmaschinen. Das eigene Hirn schafft es kaum, den Widerspruch aus subjektivem Überlegenheits- und objektivem Unterlegenheitsgefühl miteinander in Einklang zu bringen. Das kostet so viel Energie, dass man noch weniger Sport macht. Zum Glück stellt sich in den Studentenjahren auch heraus, dass Frauen gar nicht wollen, dass man ein Sixpack hat. Zumindest nicht alle. Und tatsächlich reicht das aus.

Kaum führt man eine feste Beziehung, werden alle An-
strengungen mit sofortiger Wirkung eingestellt. Endlich
wird man so akzeptiert, wie man ist. Das heißt aber auch,
dass man jahrelang hart trainiert hat für Frauen, mit denen
man niemals etwas hatte. Und kaum hat man etwas mit einer Frau, die man sehr mag, gibt man sich keine Mühe mehr.
Komplizierter Gedanke, lieber verwerfen. Außerdem gibt's
gleich Essen. Die Freundin macht einen unglaublichen
Schweinebraten. Und Käsekuchen. Mit Baiserhaube. Was
für eine Frau!

Die Beziehung hält nicht, man ist selbst schuld. Aber man
hat seine Lektion gelernt. Vielleicht hat man die ganze Kör-
persache zu ernst genommen? Es trifft sich jedenfalls gut,
dass man inzwischen zu dem Schluss gekommen ist, in Zukunft sowieso eher das Leben eines Intellektuellen führen
zu wollen. Man will schreiben. Dafür ist es viel wichtiger,
statt des Körpers den Geist scharf und stark zu halten. Ihn
durch die Zugabe von Alkohol, gutem Essen und anderen
Substanzen vielleicht sogar zu *inspirieren*. Man bewundert jedenfalls keine Superhelden mehr, sondern Geistes-
menschen, die nur zufällig immer Männer sind. Denkende,
schreibende und diskutierende Männer. Ihre Körper sind
egal, Transportmittel fürs Hirn. Ihre Bäuche sind Em-
bleme ihres Intellekts. Sie scheinen angetrieben von einer
Mischung aus Besserwisserei, Schnitzel, Alkohol und Zigaretten. Plötzlich wird klar, dass man sich sein ganzes Leben
lang darauf vorbereitet hat, einer von ihnen zu werden.

Doch obwohl man raucht und trinkt und Bücher liest,

nimmt man einfach nicht an den großen Debatten des Landes Teil. Auf Twitter ist damals nicht viel los. Und ins Fernsehen wird man auch nicht eingeladen. Man bekommt dort lediglich ein Praktikum. Gerade so. Wie sich herausstellt, ist die andauernde Zerstörung und Vernachlässigung des eigenen Körpers weitaus weniger gut zu ertragen, wenn man keine Bewunderung als Ausgleich bekommt. Ein Kompromiss muss also her. Vielleicht doch ein wenig Sport neben den geistigen Tätigkeiten? Gab es nicht auch viele große Autoren, die sich körperlich betätigten? Gab es sicher. Aber außer Hemingway fällt einem keiner ein.

Also geht man Boxen. Im Kurs, den man gefunden hat, fühlt man sich wohl. Keiner kennt einen, Männer und Frauen sind gemischt. Es macht Spaß. Man hat sogar dem Vater davon erzählt und zum ersten Mal Stolz in seiner Stimme vernommen. Obwohl Boxer keine dicken Beine haben. Der Kurs ist so klein, dass beim Sparring keine Rücksicht auf Gewichtsklassen genommen werden kann. Der Typ, der einem zugeordnet wird, ist 1,90 Meter groß und hat ein Tattoo auf der Wange. Er schlägt einem ins Gesicht, und die Nase explodiert wie ein isländischer Geysir. Man blutet erst die Halle und dann das weiß gekachelte Badezimmer voll, bis eines der Mädchen kommt und einem ein Tampon in die Nase steckt. Man schaut sich im Spiegel an und sagt sich: «Ich habe mich nie besser gefühlt.»

Man macht weiter. Der Sport gibt einem Selbstvertrauen. Zeigt einem Grenzen auf. Der Körper wird nicht muskulöser, aber ein bisschen dünner, gesünder, drahtiger. Es scheint sich zu übertragen. Toll, was regelmäßige Bewegung bewirken kann. Man schließt sein Studium mit einer guten Note ab. Bekommt die Ausbildungsstelle, die man immer wollte. Und am Ende sogar einen renommierten Job. Also hört man auf mit dem Sport und wird sofort wieder fett.

30 bis 35 Jahre

Man ist jetzt nachsichtiger mit dem eigenen Körper. Was damit zu tun hat, dass man sich schon wirklich lang mit ihm beschäftigt – so lange, dass es langsam langweilig wird. In Wahrheit war man nie fett, weder als Kind noch später. Es kam einem nur so vor. Überhaupt, was ist *fett* eigentlich für ein schreckliches Wort? Man würde jemand anderen nie so nennen. Warum also sich selbst?

Es hilft, dass die meisten Menschen um einen herum, Freunde und Kollegen nicht gerade wie griechische Statuen aussehen. Der Verfall trifft jeden. Und Journalisten, also Menschen, die *geistige* Arbeit machen, vielleicht sogar besonders hart. Man hört nicht auf, sich mit anderen zu vergleichen, aber man schneidet jetzt automatisch besser ab. Außer gegen die eigene Frau. Die geht so oft zum Yoga, dass sie problemlos einen Handstand machen kann. Großmütig erklärt man ihr, dass sie nicht so viel Sport machen muss. Man liebt sie ja so, wie sie ist.

«Hä? Ich mache das für mich», sagt sie und geht trainieren.

Interessantes Konzept. Vielleicht mal ausprobieren.

Die Informationen und Trainingspläne, die man inzwischen im Internet findet, sind auf jeden Fall besser geworden. Als hätte sich der Bullshit am Boden abgesetzt und

Platz gemacht für Leute, die wirklich Ahnung haben. Etwa für diesen Typen Jeff, der früher mal Physiotherapeut bei den New York Mets war, einer Baseballmannschaft. Der dreht alle seine Videos zwar oben ohne, spricht aber die meiste Zeit nur von «Schultergesundheit» und «Rotatoren». Oder es gibt den Ex-Bodybuilder Derek. Der schaut sich in seinen Videos die Körper von Schauspielern an, die für ihre Rollen eine *Body Transformation* gemacht haben, und spekuliert darüber, welche Steroide und wie viele davon sie genommen haben. Wie sich herausstellt, reichen Hühnchen und Reis nicht aus, um «so einen Körper» zu bekommen.

Man kauft sich also ein Gummiband und macht jeden Tag Übungen, die man eher mit Rentnern assoziiert. Man hört auf zu rauchen, wodurch man sich überraschenderweise besser fühlt. Und man isst weniger, wodurch man überraschenderweise an Gewicht verliert. Außerdem entdeckt man – revolutionär –, dass man auch Muskeln auf der Rückseite des Körpers hat. Wenn die kräftig sind, sieht unerklärlicherweise auch die Vorderseite besser aus. Als wären sie das «Fundament». Eine Erleuchtung. Von nun an muss der Körper als Metapher für alle Alltagsbereiche herhalten, Arbeit, Schreiben, Beziehung. Denn wie beim Körper fährt man auch in diesen Bereichen besser, wenn man regelmäßig wenig investiert als unregelmäßig sehr viel. Wenn man die Grundlagen ordentlich macht und nicht die fortgeschrittenen Sachen schlecht. Man ist jetzt überzeugt davon, das Geheimnis des Lebens entschlüsselt zu haben.

Wieder eine Lektion gelernt: Man trainiert jetzt nicht mehr fürs Aussehen, sondern für *sich*. Für die Gesundheit. Um den Verfall aufzuhalten. Stress zu kompensieren. Oder einfach, um mal rauszukommen. Brustumfang, Bizeps und die anderen *Vanity Muscles* sind egal. Man setzt jetzt auf *Functional Strength,* trainiert die *Glutes*, den *Core* und alle Muskeln, aus denen die *Rotatorenmanschette* besteht. Und natürlich den wichtigsten Muskel von allen. Das Herz. Und weil man das geduldig macht, kommt der Moment, in dem man in den Spiegel schaut und auf eine vorsichtige, ganz bescheidene Weise zufrieden mit sich ist. Außer mit den Beinen. Die könnten etwas dicker sein.

35 Jahre bis ... hoffen wir aufs Beste

Man bekommt ein Kind und nimmt sofort wieder zu. Aber das ist in Ordnung. Es werden wieder bessere Zeiten kommen. Außerdem musste die Frau wegen der Schwangerschaft auch mit dem Yoga aufhören. Es wird einige Zeit dauern, bis sie wieder Handstand macht. Klar, eine Beziehung ist kein Wettbewerb. Aber das gilt nur, solange man verliert.

Das Kind bringt ungeahnte Freuden in das Leben. Man kann dem kleinen Körper beim Wachsen zusehen. Es beginnt zu krabbeln. Dann beginnt es zu laufen. Dann macht es plötzlich Klimmzüge am Wandregal. Man selbst macht keine Klimmzüge an der Klimmzugstange, die man sich für 70 Euro gekauft hat.

Man träumt jetzt davon, noch einmal ein Kind zu sein. Mit dem Wissen, das man heute hat, den eigenen unverbrauchten Körper noch einmal ganz neu formen zu können. Sein volles Potenzial auszunutzen, statt es zu verschleudern. Aber das geht nicht. Also wird man sein Wissen einfach an das Kind weitergeben müssen. Was für ein Glück. Für das Kind. Es kann wirklich dankbar sein, einen so erfahrenen und lebensklugen Vater zu haben. Also, natürlich jetzt noch nicht. Jetzt versteht es das noch nicht. Aber in der Zukunft bestimmt. Es scheint eine Unausweichlichkeit zu sein.

«Findest du es seltsam, wenn man neidisch auf den Körper seines Kleinkindes ist?», fragt man seine Frau. «Oder ist das sogar irgendwie ... lustig?»

«Nein, das ist total seltsam», sagt die Frau. «Bitte schreib da auf keinen Fall drüber.»

DU KANNST KARRIERE MACHEN, WENN DU SIE ÜBERLEBST

Der Buddha sagt: Alles Wollen führt zu Leid. Das mag vielleicht stimmen, aber nicht jedes Leid ist gleich. Wenn mein kleiner Sohn etwas will, wimmert er wie ein verletztes Tier – bis ich es ihm gebe: Ich nehme ihn auf den Arm, stecke ihm den Schnuller in den Mund, gebe ihm den Stift, den er unbedingt will, oder lasse ihn – um Himmels willen – eben den Labello essen, den er mit seinem kleinen Zeigefinger aus dem weißen Plastikzylinder pult und sich genüsslich in den Mund steckt. Nach ein paar Sekunden hat er dann meistens schon vergessen, dass es ihm jemals schlecht ging. Und das ist natürlich das Geheimnis seines sonnigen Gemüts: Mein Sohn führt ein Leben der einfachen Freuden.

Ich hoffe, dass er es genießt. Denn es wird nicht so bleiben. Je älter er wird, umso komplexer werden seine Bedürfnisse. Irgendwann will er dann keine materiellen Dinge mehr, sondern abstrakte Ideen: eine Beziehung, eine Karriere oder – noch schlimmer – *glücklich* sein. Spätestens dann ist er am Arsch.

Als ich dreiundzwanzig war, fuhr ich mit zwei Freunden eine Woche nach Lissabon. Materiell gesehen war es der perfekte Urlaub: Wir schliefen, wenn es hell war, begannen unsere Tage mit dem Abendessen und verbrachten die Nächte in Bars und Klubs. Es half, dass in Portugal alles billiger war. Wenn wir keine Zigaretten mehr hatten, kaufte sich jeder von uns immer gleich drei Packungen auf einmal. Was interessanterweise nicht dazu führte, dass wir seltener neue brauchten. Im Gegenteil: Wir hatten bisher gar nicht gewusst, wie viel wir rauchen mussten.

Eines Abends besuchten wir das Ausgeh-Viertel *Bairro Alto*, wo die Leute in den engen Gassen vor den Bars standen und feierten. Zwei portugiesische Mädchen sahen uns offenbar an, dass wir im Überfluss lebten, und fragten nach Zigaretten. Im Gegenzug wollten sie uns die Zukunft aus der Hand lesen. Wir stimmten selbstverständlich zu. Eine der beiden griff sich meine Hand, nahm einen tiefen Zug von der Zigarette, die ich ihr gegeben hatte, und sagte: *«You will have a very bad accident. But in the end you will do what you want in life.»*

Ich fand, das klang hervorragend. Ich hatte keine Ahnung, was ich im Leben machen wollte. Ich studierte Kommunikationswissenschaften, ein Studium, in dessen Mitte man merkt, dass man am Ende genauso schlau sein wird wie am Anfang. Ich wusste allerdings schon damals, dass ich eine Berufung haben wollte. Oder sogar: haben musste. Mein Verdacht war, dass ein privilegiertes Leben wie das meine nur durch Selbstverwirklichung ein wirklich lebenswertes sein konnte. Ein schlimmer Unfall schien mir ein kleiner Preis zu sein. Im Gegenteil, er würde meiner Berufung vielleicht sogar einen besonderen Glanz verleihen. Ich sah mich im Rollstuhl ins Büro fahren und täglich die Bewunderung und den Respekt meiner Kollegen auf mich ziehen. Oder noch besser: eine Augenklappe tragen. Die würde bestimmt auch sehr gut zu meinem Anzug passen. Denn auch das wusste ich damals schon: Welche Berufung ich auch immer für mich finden würde, egal ob schwerbehindert oder nicht, es würde eine sein, bei der ich einen Anzug trage.

Zufrieden damit, dass für mein Schicksal auch ohne mein Zutun gesorgt war, fragte ich das schöne portugiesische Mädchen, ob ich ihr einen Drink ausgeben dürfte. Sie lächelte freundlich und lehnte ab.

Natürlich tat sie das. Als Wahrsagerin erkannte sie einen verfluchten Mann, wenn sie ihn sah.

Fünf Jahre später saß ich in einem ICE auf dem Weg in eine deutsche Großstadt, um mich für ein Praktikum in der politischen Redaktion einer großen Zeitung vorzustellen. Theoretisch standen meine Chancen gut, genommen zu werden, denn ich hatte die letzten Jahre damit verbracht, mich zu einem aussichtsreichen Kandidaten zu formen.

Das mit der Berufung hatte sich überraschend schnell geregelt. Am ersten Tag meines Studiums warnte uns unser Institutsleiter davor, uns falsche Vorstellungen zu machen: Das Studium der Kommunikationswissenschaft sei keine Journalistenausbildung. Ich nahm diese Information schulterzuckend zur Kenntnis, da ich keine Ambitionen in diese Richtung hatte. Im dritten Semester erklärte uns derselbe Mann, dass wir praktische Kurse zum journalistischen Schreiben absolvieren müssten, um unseren Abschluss zu machen. So kam es, dass ein Lokalreporter, der sich mit diesen Kursen etwas Geld dazuverdiente, mir nach ein paar Einheiten lapidar sagte: «Du kannst eh schreiben.» Aus meiner Sicht reichte das aus, um die Sache für geregelt zu erklären.

Ich setzte noch ein Masterstudium auf meinen Bachelor, absolvierte während des Studiums Praktika in verschiedenen Redaktionen und schrieb für Studentenmagazine. Als ich mit dem Studium fertig war, wurde ich zu meiner großen Freude auf einer renommierten Journalistenschule angenommen, wo ich nicht nur das journalistische Handwerk lernen, sondern auch mit den entscheidenden, nun ja, *Entscheidern* in der Branche vernetzt werden würde. Die Ausbildung sollte insgesamt neun Monate dauern, trotzdem kaufte ich mir in weiser Voraussicht schon mal einen schönen, viel zu teuren Anzug. Ich trug ihn auf dem Weg zu meinem Bewerbungsgespräch. Allerdings nur das Sakko – ich war bescheiden genug, um zu wissen: Ich war ja noch kein ganzer Journalist.

Trotz meiner exzellenten biografischen und modischen Voraussetzungen hatte ich die Hosen gestrichen voll. Was an dem Chef lag, der über meine Bewerbung entscheiden sollte. Mein Wunsch, in seiner Redaktion zu hospitieren, sorgte bei den Lehrkräften in meiner Schule für betroffene Blicke: Bei *dem*? Unsere Praktikumskoordinatorin bestand darauf, in meinem Namen bei dem Mann anzufragen. Die Sache sei vorbelastet, sagte sie, ein Schüler aus dem Jahrgang zuvor hätte nur zwei Wochen durchgehalten und sein Praktikum dann abgebrochen. Psychisch habe er sich von der Sache immer noch nicht erholt. Die Koordinatorin schrieb eine sehr devote Mail, auf die eine sehr knappe Antwort folgte:

«Der junge Mann kann sich gerne hier vorstellen.» Ich vervollständigte in meinem Kopf: *Wenn er sich traut.*

Die Boshaftigkeit und Härte des Mannes waren legendär. Auf den Fluren der Journalistenschule flüsterten sich die Leute leise Geschichten zu, die sie gehört hatten. Von langen Verhören im Büro des Chefs, bei denen man Wissensfragen zu beantworten hatte («Wer war der erste deutsche Kanzler?» – «Adenauer?» – «Falsch. Bismarck.»). Von den daraus folgenden Beleidigungen («Für die Zeitung sind Sie nicht klug genug, gehen Sie mal lieber zum Fernsehen.»). Und von den sehr strengen und sehr seltsamen Regeln, die in seiner Redaktion herrschten: Praktikanten durften angeblich nicht das Internet benutzen. Geschichten, so die Ansage des Chefs, finde man nicht in Computern, sondern draußen in der Welt. Aus diesem Grund, so gingen die Legenden weiter, würde der Chef in regelmäßigen Abständen mit Dartpfeilen auf eine Deutschlandkarte werfen. Die Praktikanten hätten dann, nur mit einem Bleistift bewaffnet, in die vom Pfeil getroffenen Orte zu fahren und dürften erst wiederkommen, wenn sie eine Geschichte gefunden hätten.

Von einem Bekannten, der bei der Zeitung des Chefs arbeitete, ließ ich mir ein Beispiel aus dem Archiv schicken. Es stimmte alles und war gleichzeitig nicht zu glauben. Der Artikel eines Praktikanten füllte eine ganze Seite im politischen Teil der Zeitung. «Müller muss los» lautete der Titel.

Die Geschichte war aus der Perspektive des Praktikanten Müller geschrieben, der von seinem fiesen Chef in irgendein Kaff in Bayern geschickt wird. Im Text trifft der Praktikant nacheinander alle möglichen Leute, deren spannenden Schicksale und Biografien ganz beiläufig erzählt werden und immer wieder in der Enttäuschung Müllers enden, dass in diesem Kaff einfach keine Geschichte zu finden sei. Es kommt sogar raus, dass die ganze Stadt in einem Moor absinken droht, aber auch dafür kann sich Müller nicht begeistern. Bei seiner Abreise fragt ihn seine Herbergsmutter, ob er denn etwas Interessantes gefunden hätte. Müller verneint und endet den Text mit dem Satz: «Hier gibt es keine Geschichten.» Angeblich, so die Theorie meines Bekannten, der mir den Text besorgt hatte, habe der Chef sich vom zurückgekehrten Müller erzählen lassen, was er alles erlebt hatte, und es dann aus der Perspektive des Praktikanten aufgeschrieben – um ihm zu zeigen, an wie vielen Geschichten er vorbeigelaufen war.

Ich war also auf alles vorbereitet, als ich, in mein Sakko gekleidet, die Redaktion betrat. Das Büro des Chefs lag am Ende eines langen Ganges. Es schien kaum jemand da zu sein, lediglich der stellvertretende Ressortleiter saß in seinem Büro. Er hatte sich das Telefon zwischen Kinn und Schulter geklemmt, telefonierte und tippte gleichzeitig wie wild auf seine Tastatur ein.

Im Vorzimmer des Chefs traf ich eine sehr freundliche Sekretärin, die überrascht war, mich zu sehen. Sie bat mir einen Stuhl an und verschwand. Wenige Minuten später trat ein junger Redakteur ein und fragte nach meinem Namen. Dann ging er wieder, und ich konnte hören, wie er mit dem Stellvertreter sprach. Der sagte schließlich: «Ich habe keine Zeit, machen Sie das.»

Der Jungredakteur, der kaum älter als ich gewesen sein konnte, trat wieder ein. Der Chef habe sich heute freigenommen, erklärte er mir. Er selbst werde das Bewerbungsgespräch führen. Er nahm sich die aktuelle Ausgabe der Zeitung, blätterte sie durch und fragte mich bei jedem Artikel zu meiner Meinung: «Wie fanden Sie den? Und den? Aha. Und den?»

Nach fünf Minuten stand er auf, gab mir die Hand und sagte, dass sich jemand bei mir melden werde.

An meinem ersten Praktikumstag vier Monate später war der Chef wieder nicht da. Jemand erklärte mir, dass er Golf spielen sei. Was wahrscheinlich ein Witz war. Oder die sarkastische Antwort auf die unangebrachte Frage eines Praktikanten, wo denn bitte schön der Ressortleiter sei. So oder so, ich war enttäuscht, ihn nicht endlich kennenzulernen. Natürlich hatte ich nach meinem Bewerbungsgespräch nie wieder etwas gehört und dem Chef nach ein paar Wochen eine freundliche, aber nicht unterwürfige Mail geschrieben. Ich bekam keine Antwort. Irgendwann jedoch fand ich eine Mail der Personalabteilung in meinem Postfach mit einem Praktikumsvertrag im Anhang und beschloss, unser kleines Fernduell als Sieg für mich zu werten.

Ich wurde sofort in die Redaktionsarbeit eingebunden und bekam ein dankbares Praktikantenthema: eines, das gemacht werden musste, auf das alle anderen aber keine Lust hatten. Damals war gerade ein Verfahren wegen Besitzes von Kinderpornografie gegen den SPD-Abgeordneten Sebastian Edathy eingestellt worden. In seiner Partei wurde diskutiert, ihn offiziell auszuschließen. Meine Aufgabe war es, einen Text darüber zu schreiben, ob und unter welchen Umständen das möglich wäre.

Den ersten Tag las ich alles, was ich zu dem Fall finden

konnte, und telefonierte mit Experten. Am zweiten Tag schrieb ich meinen kurzen Text. Am dritten Tag war der Chef plötzlich wieder da. Er war ein überraschend normal aussehender Mann mit einem für einen Sechzigjährigen wahrscheinlich angebrachten Übergewicht. Man wurde allerdings sofort von einer unangenehmen Anspannung erfasst, wenn man sein Büro betrat. Was vielleicht an seiner an Gleichgültigkeit grenzenden Ruhe lag, an den sehr langen Pausen, die er in Gesprächen machte. An den grauen Augen, die einen fixierten (habe ich ihn eigentlich jemals zwinkern sehen?). Oder schlicht daran, dass sich sein großer Kopf einfach nie zu bewegen schien.

Was es auch war: Er trug auf jeden Fall keinen Anzug. Und er sah auch nicht aus, als ob er es gerne tun würde.

Der Chef hatte die Angewohnheit, seine Bürotür immer weit offen stehen zu lassen. Was für mich relevant war, weil sich mein Arbeitsplatz in seinem Vorzimmer befand, dort, wo auch die Sekretärin saß. Auf diese Weise bekam er immer mit, was ich tat. Und noch viel schlimmer: Ich bekam mit, was er tat. Während er meinen Text las, konnte ich ihn in seinem Büro hinter mir langsam atmen hören. Ich starrte auf den Bildschirm meines Computers und drehte mich erst um, als er aus seinem Büro kam und beiläufig sagte: «Herr Giammarco, das ist ja ein Scheißtext. Was soll ich denn mit dem anfangen?»

Ohne eine Antwort abzuwarten, verließ er das Zimmer.

«Äh ... Entschuldigung», stotterte ich und nahm die Verfolgung auf. In der Kaffeeküche holte ich ihn schließlich ein. «Entschuldigung», wiederholte ich, «können wir kurz reden?»

Der Mann sah mich entgeistert an: «Herr Giammarco, würden Sie erlauben, dass ich mir kurz einen Kaffee ziehe?»

«Oh ... ja, klar.»

«Sehr freundlich von Ihnen», sagte der Chef, steckte eine Kapsel in die Maschine und drückte auf den Knopf. Nie floss Kaffee langsamer.

Dann nahm er sich die Tasse und ging wieder wortlos davon. Ich wiederholte das Spiel von zuvor, trat hinter ihm in sein Büro, schloss die Tür und setzte mich ihm gegenüber. Er sah mich bestimmt eine Minute regungslos an, bis er sagte: «Herr Giammarco, was wollen Sie jetzt von mir?»

«Na ja, Sie haben gesagt, der Text sei scheiße.»

«Korrekt.»

«Und ich will ja nicht, dass ein schlechter Text erscheint.»

«Machen Sie sich keine Sorgen. Das wird er nicht.»

Pause. Toll, den hättest du kommen sehen können, dachte ich mir.

«Verstehe», sagte ich, «aber gibt es vielleicht irgendetwas, was ich tun kann?»

«Ich weiß nicht, Giammarco: Bringen Sie sich um», sagte der Chef. Und dann, als ob ihm klar wurde, dass das vielleicht ein bisschen übertrieben war, fügte er hinzu: «Oder werden Sie Pfleger, die kann man immer gebrauchen.»

Wahrscheinlich wäre das der Moment gewesen, an dem eine gesunde Person aufgestanden und gegangen wäre. Oder seinem Gegenüber mindestens ein gepflegtes «Wie wär's, wenn Sie sich ins Knie ficken?» entgegengeschleudert hätte. Aber zur Wahrheit gehörte auch, dass von den beiden Optionen, die der Chef mir dargelegt hatte, die erste zwar unangenehm schien, die zweite für mich aber gar nicht infrage kam. Als ich dieses Praktikum antrat, wusste ich, dass ich Lehrgeld zahlen müsste. Die Zeit war gekommen, das Portemonnaie rauszuholen.

«Schauen Sie, ich bin ja nur zwei Monate hier», sagte ich. «So lange können wir ja versuchen, den Text besser zu machen. Und hinterher kann ich mich ja immer noch umbringen.» Der Chef zog die Augenbrauen hoch.

«Oder Pfleger werden», fügte ich pflichtschuldig hinzu.

Das war ein Wirkungstreffer. Nichts erwärmt das Herz eines irren Genies so sehr wie eine ordentliche Portion Selbstaufgabe. Es ist nämlich sehr anstrengend, Leute zu brechen und wiederaufzubauen. Wie angenehm, wenn das erwählte Opfer den Brechen-Part selbst übernimmt. Der Chef lächelte und drehte sich wortlos zu seinem Computer. Er öffnete ein leeres Dokument, starrte einige Augenblicke auf den Bildschirm und begann einen ersten Satz zu schreiben. Einen viel besseren als meinen. Dann einen zweiten, wieder viel besser.

Dann schrieb er: «Die SPD will Edathy loswerden, weil er widerlich ist.»

Er lehnte sich zurück, zeigte auf den Schirm und sagte: «Das ist ein guter Satz. Haben Sie gesehen, was ich getan habe, Herr Giammarco?»

Ich war mir sicher, *etwas* gesehen zu haben. Ich war mir nur nicht sicher, was.

«Ich habe im Kopf geschrieben, Herr Giammarco. Sie schreiben auf dem Papier, probieren komplett planlos irgendwelche Sätze aus und schrauben die dann ineinander.» Ein Text, sagte er und zeichnete mit Bleistift einen Pfeil auf ein Post-it, sei eine lineare Sache. Ein Satz folge auf den nächsten. Der erste habe die Eigenschaft, dass nichts davor, und der letzte, dass nichts mehr danach stehe. Und was dazwischenkomme, das müsse man sich überlegen, bevor es ans Tippen gehe. «Haben Sie mich verstanden?»

Ich hatte beim besten Willen keine Ahnung. Aber was sollte ich anderes sagen als Ja.

«Dann probieren Sie es noch mal, Herr Giammarco.»

Und so begann die kurze, aber alles in allem triumphalste Zeit meiner Karriere. Ich schrieb über Nacht eine neue Version des Edathy-Artikels, den der Chef am nächsten Morgen mit den Worten bedachte: «Dieser Text geht.» Dann hielt er sich die Hand ans Ohr und sagte: «Was war das, Herr Giammarco? Habe ich da gerade einen Stein von Ihrem Herzen fallen hören?» Ich sagte ihm nicht, dass es meine Arschbacken waren, die sich nach Tagen endlich mal entspannten.

Auch mein nächster Text war ein voller Erfolg. Als er erschien, hatte sich der Chef wieder mal freigenommen. Er ließ es sich aber nicht nehmen, mir eine Mail von seinem privaten Mailaccount zu schreiben. Darin stand nur ein Wort: «Gut.»

In der darauffolgenden Woche gab es in der Stadt, in der meine Zeitung lag, Demonstrationen verschiedener autonomer und kapitalismuskritischer Vereinigungen. Dabei kam es auch zu Ausschreitungen zwischen Protestlern und Polizei. Wir saßen morgens in der Redaktionskonferenz, als uns die Nachricht ereilte, dass eine Polizeistation brenne. Da müsse man doch dabei sein, war der Konsens der Runde. Und alle sahen plötzlich zu mir.

«Dann gehen Sie mal los», sagte der Chef.

«Äh, jetzt?»

«Ja, wann denn sonst?»

«Verstehe. Okay, dann gehe ich mal los.»

«Vertrauen Sie auf Gott, Herr Giammarco», sagte der Chef.

Ich marschierte durch die morgendliche Stadt und musste feststellen, dass ich die meiste Action schon verpasst hatte. Lediglich ihre Reste waren zu sehen: kaputte Fensterscheiben, Wasserwerfer und ausgebrannte Autos. Ich unterhielt mich mit Demonstranten, Gaffern und den Demonstrationsbeobachtern der lokalen Parteien. Als ich wieder in die Redaktion zurückkehrte, beschlossen wir (also der Chef), dass ich einen Artikel über die Schlacht zwischen Demonstranten und Polizisten schreiben sollte. Ich fand das eine tolle Idee. Ich hatte nur keine Ahnung, wie ich das umsetzen sollte. Der Chef sah mir einen Tag dabei zu, wie ich mich schwertat. Dann fragte er mich in einem Ton, der für kleine Kinder reserviert ist: «Herr Giammarco, wenn die Demonstranten Tiere wären, welche wären sie dann?»

«Wölfe», sagte ich sofort.

«Und die Polizei, was wären das für Tiere?»

Ich dachte kurz nach. «Elefanten.»

Er hob die Hand, so als sei nun alles klar, und ging. Also schrieb ich einen Text über die Auseinandersetzungen zwischen den Polizisten, die zwar gepanzert und stark waren, aber auch träge, und den Demonstranten, die schwach waren, dafür aber leicht und ihre Ziele rudelartig überfielen. Der Chef war sehr zufrieden mit mir.

So ging es weiter: Was auch auf meinem Tisch landete, ich schrieb Texte, die gut ankamen. Ich hatte in keiner meiner bisherigen Praktikumsstationen auch nur eine ähnliche

Leistung gebracht. Ich wusste gar nicht, dass ich es konnte. Es war, als würde eine dunkle Wolkendecke aufbrechen und die Sonne mir durch einen Spalt mitten ins Gesicht scheinen. Ich hatte das Licht gesehen. Oder genauer gesagt: Das Licht hatte mich gefunden. Die Beziehung zu meinem Chef wurde jeden Tag besser. Wie ein braver Schüler saß ich in seinem Vorzimmer, stets gut im Blick, stets bereit, eine neue Aufgabe zu übernehmen. Ich wurde Teil der Einrichtung, was mich automatisch über jeden stellte, der neu dazukam. Mit Freude sah ich die Bürotür des Chefs hinter neuen Praktikanten zufallen – und mit einem grimmigen Stolz nahm ich ihre bleichen, verwirrten Gesichter wahr, wenn sie wieder herauskamen und neben mir Platz nahmen: Es waren Gesichter von Menschen, die zu viel Achterbahn gefahren waren. Je kaputter und verwirrter die Leute waren, umso schneller mochte ich sie, ich griff ihnen unter die Arme und erklärte ihnen, wie die Redaktion funktionierte. Diejenigen aber, die über die strengen Regeln und Prinzipien, die hier in *unserer* Redaktion herrschten, irritiert oder gar verärgert waren, die konnte ich nicht leiden. «Der checkt es einfach nicht», dachte ich mir und drehte mich zu meinem Computer, um eine Telefonnummer im Internet rauszusuchen und den Browser dann ganz schnell wieder zu schließen.

Im Grunde hatte ich Mitleid mit ihnen. Sie hatten nicht verstanden, was es hier zu lernen gab. Ihre Egos standen ihnen im Weg. Sie beschwerten sich darüber, im Vorzimmer des Chefs sitzen zu müssen wie Sekretäre, und sahen nicht, welche Privilegien diese Nähe bedeutete. Wann immer dem Chef eine wichtige Lektion einfiel, musste er nur einen Schritt aus seinem Büro heraustreten, um sie zu erteilen. Las er etwas Gutes, legte er es mir danach auf den Tisch. Und fand er einen Text scheiße, meistens einen aus einer anderen Zeitung, dann las er ihn mir laut vor. Er hörte mir beim Telefonieren zu und gab mir Tipps, wie ich meinem Gesprächspartner am besten Informationen entlockte – Telefonieren war seiner Meinung nach eine Fähigkeit, die für einen Journalisten fast genauso wichtig war wie das Schreiben. Verhaspelte ich mich oder wurde zu aufgeregt, schrieb er «Deutlich sprechen!» auf einen Post-it und klebte ihn mir auf den Bildschirm. Und wenn ich einen Text schreiben musste, saß ich einfach nur da, starrte an die Wand und formulierte in meinem Kopf. Dem Chef ging immer das Herz auf, wenn er das sah. «Sie sind schon viel weiter, als es die Leute normalerweise sind, wenn sie hier ankommen, Giammarco.»

Es fühlte sich gut an, das zu hören. So gut, dass es mir sehr leichtfiel zu ignorieren, dass ich keine Ahnung hatte, was ich tat.

Eines Tages fing der Chef mich auf dem Flur ab und schlich sich mit mir in ein leeres Büro. Mit leiser Stimme fragte er, was ich nach meinem Praktikum vorhabe.

«Ich glaube, ich ziehe nach Berlin und arbeite als freier Journalist.»

«Guter Plan, Giammarco, machen Sie das doch bei mir. Sie bekommen eine Pauschale, einen Tausi im Monat, dafür schreiben Sie für mich und hängen bei uns rum, damit Sie was lernen.»

Ich konnte mein Glück kaum fassen. Tausend Euro waren nicht viel, aber das war egal. Einen *Job* zu haben war sehr viel wichtiger, als Geld damit zu verdienen. Euphorisiert rief ich meine Frau an, die damals noch meine Freundin war. Sehr zu ihrer Überraschung, denn wir führten für die Zeit meines Praktikums eine Fernbeziehung, und normalerweise war sie es immer, die anrief. Ich selbst hatte keinen großen Spaß am Telefonieren, an dem pflichtschuldigen Erzählen, was man denn alles so erlebt hatte an einem Tag. «Ich freue mich so für dich», sagte sie, als ich ihr eröffnete, dass wir beide wohl etwas länger in unterschiedlichen Städten leben würden. Ich wusste, sie würde es verstehen, immerhin arbeitete sie in Hamburg auch als Journalistin. Mein Erfolg war ihr Erfolg, und ihr Erfolg war mein Erfolg. Vor allem aber war mein Erfolg mein Erfolg. Ich kassierte doppelt ab.

Eine Woche später verkündete der Chef meine neue Position in der internen Konferenz des Politikressorts. «Es freut mich, mitteilen zu können, dass Herr Giammarco die Redaktion ab jetzt als Pauschalist unterstützt.» Es gab Applaus und anerkennende Blicke. «Er ist wie eine Babyschildkröte», fuhr der Chef fort, «die langsam über den Strand krabbelt, blind und mit einem weichen Panzer. Wir werden sehen, ob er es zum rettenden Ufer schafft oder ob er von einer hungrigen Möwe unterwegs aufgepickt wird.»

«Langsam, aber extrem niedlich», sagte ich. Alle lachten. Auch der Chef.

Ich zog in ein ausgebautes Dachgeschoss in einem sechsstöckigen Haus, in dem im Sommer die heiße Luft stand und bis zum Herbst auch nicht mehr rausging. Was auch hieß, dass sich der Rauch meiner Mitbewohnerin Lara in dieser Zeit wie ein Schleier über die ganze Wohnung legte. Es war nicht so, als hätte sie mich nicht gewarnt: «Ich rauch gern mal eine», hatte sie in ihr WG-Gesuch geschrieben. Technisch gesehen war das nicht gelogen, obwohl die Formulierung «gern mal *einen*» akkurater gewesen wäre.

Eigentlich hatte ich mir vorgestellt, mit meinem ersten Job auch das WG-Leben endgültig hinter mir zu lassen. Aber dafür war ein «Tausi im Monat» nicht genug. Es war mir egal, ich hatte fest vor, das Beste aus der Sache zu machen. Ich brauchte nur einen Ort zum Schlafen, den Rest der Zeit würde ich in der Redaktion verbringen – in meinem Zimmer warf ich lediglich eine Matratze auf den Boden und bewahrte meine Klamotten in einer Kiste auf. Deswegen war es mir auch egal, dass meine neue Mitbewohnerin ein ganz anderes Leben führte als ich. Dass sie jünger war. Oder ständig high. Sie war die einzige Person, mit der ich außerhalb der Arbeit zu tun hatte. Ich hatte also eh keine Wahl.

Lara war ein verträumtes Mädchen. Was nicht nur am Cannabis lag. Sie wollte Künstlerin werden. Ihr Arbeitszimmer, das offiziell als Wohnzimmer ausgeschrieben war und zur Hälfte von mir mitgezahlt wurde, war vollgestellt mir abstrakten Zeichnungen, Skizzen, Entwürfen und einer besonders unheimlichen Skulptur einer großen Frauenhand mit lackierten Nägeln. Lara studierte Kommunikationsdesign an einer Privatuni, ging dort aber schon länger nicht mehr hin. Sie hatte «gekündigt», wie sie mir erklärte. Was bedeutete, dass sie der Uni-Verwaltung erklärt hatte, dass sie unzufrieden sei und sich auf der städtischen Kunstschule bewerben werde. Die freundlichen Menschen der Uni wiesen sie darauf hin, dass ihre Mutter das laufende Semester schon bezahlt hatte, und empfahlen, sich erst für das kommende Semester woanders zu bewerben. So hatte Lara, als ich sie kennenlernte, viel Zeit. Zum einen, um ihre Bewerbung für die Kunstschule vorzubereiten. Aber auch, um viel und lange auszugehen und Männer kennenzulernen. Ich weiß das, weil sie mich regelmäßig über ihr Intimleben auf Stand brachte. Da war Tim, den sie aus der Uni kannte, der aber nicht so gut zu ihr passte. Und Jörg, der sie – ohne eine Gegenleistung zu verlangen! – im Keller eines Klubs oral befriedigt hatte. Und natürlich Carsten, den sie an einem Tag, der für mich ein Arbeitstag war, eines frühen Morgens mit nach Hause brachte, um im Wohnzimmer laut Elektro zu hören. Als ich ein paar Stunden später sehr müde aufstand und fragte, wie ihr Abend gelaufen sei, berichtete sie mir, sie hätte sich mit Carsten «nur unterhalten». Er sei aber sehr schön gewesen. «Ich glaube, ich bin ein bisschen verliebt», kicherte sie. Ihre Pupillen waren so groß wie Eineurostücke.

Ich sah mit großbrüderlicher Zuneigung auf ihr unstetes Leben. Es war nichts für mich, aber ich konnte verstehen, warum sie es führte. Es bestätigte mich sogar darin, dass ich nun in eine reifere Lebensphase eingetreten war. Wonach Lara auch immer auf der Suche war, ich hatte es schon gefunden. So eine Erkenntnis macht großzügig. Und außerdem war ich eben der *Ältere*. Ich hörte mir also geduldig ihre Geschichten an, gab freundliche Ratschläge – und auch die ein oder andere Filmempfehlung. Wir ergänzten uns prächtig: Sie kaufte Bier und hatte immer Zigaretten. Ich tauschte den verkalkten Duschkopf aus und brachte den Müll runter. Wenn ich morgens zur Arbeit ging, schlief sie noch. Und wenn ich abends müde und hungrig zurückkam, saß sie in ihrem Arbeitszimmer, rauchte ihren ersten Joint und hatte sich um das Abendessen gekümmert. Sie erfüllte ihre Rolle als verplante Studentin und ich meine als ernster Erwachsener.

«Oh, Shit», sagte sie einmal, als wir beim Abendessen gemeinsam eine Serie guckten, «Francesco, ich habe ganz vergessen: In der Lasagne ist Gras!»

Im Nachhinein betrachtet, war es mein Glück, dass Lara immer etwas zu rauchen zu Hause hatte. Cannabis war das Einzige, das gegen die sich häufenden Zustände von Schock und existenzieller Verzweiflung half. Wenn ich von der Arbeit nach Hause kam, fühlte ich mich immer öfter so, als hätte mich ein Auto überfahren. Natürlich hatte ich es nicht geschafft, meine Serie von Triumphen am Laufen zu halten. Genau genommen brach sie in dem Moment zusammen, als ich den neuen Job offiziell anfing. Es begann mit einem einfachen Interview. Ich führte es, schrieb es auf – jetzt sogar in einem eigenen Büro –, und die diensthabende Redakteurin nahm es ab. Der Chef bekam es erst kurz vor Andruck zu lesen. Ich wähnte mich also in Sicherheit, bis die gestresste Kollegin am letzten Tag der Produktion zu mir kam und mich darüber informierte, dass mein Interview raus sei. Der Chef habe so entschieden. Dann eilte sie davon, um sich um Ersatz zu kümmern.

Ich schlich zum Büro des Chefs, klopfte an den Türrahmen und wurde angewiesen, die Tür zu schließen und mich zu setzen. Ich saß still da, während er, wie üblich, noch eine Mail fertig schrieb. Dann drehte er sich zu mir:

«Das Interview war ganz schlecht.»

«Das tut mir leid.»

«Wissen Sie, warum mich die Leute für so ein Arschloch halten, Giammarco?»

Ich schwieg. Ich erkannte eine rhetorische Frage, wenn sie sich bereit machte, mir in den Hintern zu treten.

«Weil ich keine Scheiße drucke. Die meisten Leute in unserem Job wollen nett sein und sagen den Leuten nicht die Wahrheit. Das ist bequemer.»

«Stimmt.» Er ignorierte mich.

«Aber das ist korrupt. Das ist das Gegenteil von Qualität. Ich habe eine Verantwortung gegenüber dem Leser. Und die werde ich nicht verraten, damit Sie ein Interview in der Zeitung haben.»

«Verstehe.»

«Sie sollten mir eigentlich dankbar sein, Giammarco. Wenn ich das Interview jetzt drucke, dann glauben Sie am Ende, das, was Sie machen, sei gut. Dann produzieren Sie auch weiterhin so mittelmäßiges Zeug, und niemand wird es Ihnen sagen, weil alle nett sein wollen. So spielen Sie aber immer nur mit und schaffen es nie nach oben. Und dann bekommen Sie irgendwann Krebs und machen Chemo und werden bestrahlt, die Haare fallen Ihnen aus. Und auf dem Totenbett wird Ihnen dann klar, dass Sie sich die ganze Zeit selbst belogen haben. Aber dann ist es für Sie zu spät.»

«Vielen Dank», sagte ich und war froh, dass mir nach sofortigem Suizid nun ein, allem Anschein nach, mittellanges Leben zugestanden wurde. «Aber können Sie mir vielleicht sagen, was ich das nächste Mal besser machen kann?»

Er sah mich an: «Giammarco, das kann man nicht erklären. Das müssen Sie selbst wissen.»

«Verstehe.»

«Sie schreiben irgendeinen Mist und kommen zu mir und wollen hören, dass es in Ordnung ist. So funktioniert Schreiben nicht. Ich werde nicht immer für Sie da sein, Giammarco. Hoffentlich. Sie brauchen einen Bullshit-Detektor.»

«Einen was?»

«Einen Bullshit-Detektor. Jeder Schreiber sollte einen haben. Sie müssen erkennen, ob etwas Scheiße ist oder nicht. Sie scheinen keinen zu haben, Giammarco, und ich würde Ihnen empfehlen, sich schnellstens einen anzuschaffen. Sonst wird es richtig schwierig für Sie.»

Ich beschloss, das gescheiterte Interview als einen Ausrutscher zu betrachten, und verbrachte die nächsten Wochen damit, meinen inneren Scheiße-Detektor zu finden. Ich hatte leider keine Ahnung, wo er lag, ob er Strom brauchte oder ob noch Garantie darauf war. Aber so schnell wollte ich nicht aufgeben. Ich war hier, um zu lernen. Und um *besser* zu werden. Und weil ich ja schon mal gut war, bevor ich schlecht wurde, sollte es ja nur den ein oder anderen Text brauchen, um wieder auf Normalniveau zu kommen. Ich versuchte also, durch schieren Willen die richtigen Teile meines Hirns zu aktivieren, so als seien sie Muskeln. Ich schrieb weiter und starrte auf die Worte, in der Hoffnung, irgendwann den Geruch von Exkrementen in der Nase zu haben. Es kam nichts. Und wenn etwas gekommen wäre, hätte ich nicht gewusst, ob es ich oder der Text wäre, der so stinkt.

Es half nicht, dass mein Chef, wie ich nun lernte, aus der *Sushi*-Schule des Schreibens stammte. Es war, als hätte er den Dokumentarfilm *Jiro Dreams of Sushi* zu oft gesehen. Der erzählt von einem 85-jährigen Sushi-Meister in Tokio, der ein kleines Restaurant in einer U-Bahn-Station betreibt, wo es das beste Sushi der Welt gibt. Jiro macht jeden Tag dieselben Bewegungen, schneidet Fisch, formt Reis. Er erlangt Meisterschaft durch Wiederholung, und nach diesem Prinzip müssen auch alle handeln, die von ihm lernen wollen. Wer seine Ausbildung bei Jiro beginnt, muss erst mal ein paar Wochen üben, ein nasses Handtuch auf die richtige Art und Weise auszuwringen. Erst dann darf man die Küche überhaupt betreten.

So ähnlich sah es auch mein Chef. Jetzt, da ich schlechte Texte schrieb, hielt er nichts davon, mir zu sagen, was ich tun sollte. Er ließ es mich nur wissen, wenn es falsch war. Meinen nächsten Text musste ich fünfmal umschreiben, bevor der Chef mir sagte, ich sollte es lassen und mich auf den nächsten konzentrieren. Den wiederum brachte ich gar nicht erst zu Ende. Ich war wieder in das Vorzimmer des Chefs gezogen, teils um für meine offensichtliche Überheblichkeit, ein eigenes Büro zu beziehen, Buße zu tun – und teils in der Hoffnung, die Magie meiner ersten Praktikumsmonate zu reproduzieren. Das hatte zur Folge, dass der Chef nun immer aus seinem Büro geschlichen kam, um mir beim Schreiben über die Schulter zu gucken. Noch bevor ich beim dritten Absatz war, klärte er mich über die Nutzlosigkeit meines Unterfangens auf. «Das funktioniert so nicht, Giammarco», sagte er. «Wenn der Anfang schlecht ist, dann wird auch der Rest des Textes schlecht. Fangen Sie noch mal an!» Auch dieser Text wurde nach mehreren Versuchen nichts.

Als Nächstes schickte mich der Chef auf Recherche, wohl in der Hoffnung, der Druck (oder der Abstand zu ihm) würde mich beflügeln. Ich fuhr in eine fränkische Stadt, um eine Reportage über einen Millionär und Firmenbesitzer zu schreiben, dem vorgeworfen wurde, sein Geld und seinen Einfluss einzusetzen, um vom Stadtrat politische Entscheidungen zu erzwingen, die in seinem Sinne waren. Der Millionär war leider nicht zu sprechen, aber ich interviewte einige Mitglieder des Stadtrats und den ein oder anderen Bürger. Zurück in der Redaktion, schrieb ich meine Reportage und gab sie wie besprochen pünktlich zum letzten Tag der Produktion ab. Der Chef las und nahm sich dieses Mal extraviel Zeit. Wohl in der Hoffnung, doch irgendetwas Taugliches in dem Text zu finden. Dann kam er aus seinem Büro und sagte vor versammelter Mannschaft: «Sie haben es versaut, Giammarco.»

Ich war von einer Nachwuchshoffnung zu einem hoffnungslosen Fall mutiert. Die einzigen Momente in dieser Zeit, in denen ich das Gefühl hatte, von irgendetwas eine Ahnung zu haben, waren die Abende, die ich mit Lara verbrachte und kiffte. Mit ihrem Leben hatte ich Erfahrung. Zu ihren Interessen hatte ich etwas zu sagen. In der allgemeinen Hierarchie der Planlosigkeit schien sie die einzige Person zu sein, die noch unter mir stand. Zumindest kam mir das so vor. Wenn sie erzählte, dass sie sich zwar regelmäßig mit Carsten traf, sie die ganze Sache aber keine Beziehung nennen wollte, hatte ich dazu eine Meinung und sagte sie ihr auch. Und wenn sie abends bei einem Joint eine Serie guckte, anstatt sich um ihre Bewerbung für die Kunstschule zu kümmern, setzte ich mich dazu und ließ sie an meinem tiefen kulturellen Wissen teilhaben.

«Hey, Francesco, willst du *Fargo* mitgucken?»

«Serie oder Film?»

«Es gibt einen Film?»

«Na klar, legendär. Mit Frances McDormand und Steve Buscemi.»

«Wusste ich nicht.»

«Der hat 1996 den Oscar für das beste Drehbuch bekommen. Damals haben sie noch Filme gemacht, die unter 100 Minuten waren. Nicht so wie heute.»

Sie nahm einen Zug von ihrem Joint und sah mich skeptisch an.

«Wie alt warst du denn 1996, Francesco?»

«Äh, ... zehn. Wieso?»

Bei der Arbeit wurde alles immer schlimmer. Nicht etwa, weil ich noch mehr Texte umschreiben musste. Sondern weil der Chef nun anfing, Mitleid mit mir zu haben. So weit war es gekommen. Wenn es mein USP war, den Brechen-Teil in Brechen-und-wiederaufbauen selbst zu übernehmen, wirkte ich nun wie ein übereifriger Frischling, der über das Ziel hinausgeschossen war. «Sie brauchen wieder Wasser unterm Kiel», sagte er mir (neben Tiermetaphern liebte er nautische Begriffe) und suchte nach besonders leichten Themen, denen ich mich widmen könnte. Und er schrieb mir sogar aufbauende SMS: «Wenn Sie es einmal konnten, dann können Sie es auch wieder.» Ich freute mich über die Unterstützung, vor allem aber schämte ich mich. Nicht mal absolute Unterwerfung bekam ich richtig hin. Ich meine, wer hat schon mal von einer Sekte gehört, deren Anhänger *zu* devot und inkompetent waren. Normalerweise sind das die Grundvoraussetzungen für jeden Kult. Aber ich hatte es geschafft, das Niveau noch einmal nach unten zu drücken. Ich war der verblendete Jünger geworden, über den die anderen verblendeten Jünger die Augen verdrehten. Entschuldigung, ich habe aus Versehen meinen Giftbecher verschüttet. Kann ich einen neuen haben?

Ich hatte keine Ahnung, was ich tat oder wie ich etwas anders machen konnte. Jede Entscheidung schien nur eine weitere Abzweigung ins Verderben. Statt in die Redaktion zu gehen, hätte man mich auch in ein fliegendes Flugzeug setzen können, ohne Piloten oder Verbindung zum Tower. Ich verstand die groben Konzepte: Ich wusste, wo ich war (20 000 km in der Luft) und wo ich hinwollte (nach unten). Ich wusste sogar, welchen Hebel ich theoretisch betätigen müsste. Ich hatte nur keine Ahnung, wie ich es vermied, auf der Landebahn aufzuschlagen und in Flammen aufzugehen. Das einzig Gute war, dass niemand in meinem Flugzeug saß. Ich nahm niemanden auf meinen Absturz mit – außer meiner Frau. Unsere Dynamik hatte sich plötzlich umgedreht. Ich war es jetzt, der immer öfter telefonieren wollte. Und sie war diejenige, die immer öfter schweigend zuhörte. Allerdings nicht weil sie sich langweilte, sondern weil ihr die aufmunternden Worte nach ein paar Wochen einfach ausgegangen waren. Was die Sache besonders unangenehm machte, war, dass sie selbst nur Gutes zu berichten hatte. Sie war inzwischen an ein großes Magazin in Hamburg angegliedert und war in eine kleine Zweizimmerwohnung gezogen. Ohne Mitbewohner. Mit einem echten Bett.

Mein Chef allerdings war es nicht gewohnt zu scheitern und ließ nichts unversucht, mich wieder aufzubauen – auf seine Weise. Als ich einmal bei einer Recherche nicht weiterkam, rief er mich in sein Büro.

«Sie sind zu unkonzentriert, Giammarco.»

«Sie haben recht.»

«Wenn ich eine Recherche mache, dann ist das wie Jagen. Ich nehme die Fährte auf und erlege das Ding.»

«Verstehe.»

«Ich bin da wie ein Bluthund. Wissen Sie, was ein Bluthund ist, Giammarco? Warten Sie …», er drehte sich zu seinem Computer und suchte das Bild eines Bluthundes. Als er es gefunden hatte, lehnte er sich ehrfürchtig zurück und zeigte darauf: «Ein prachtvolles Tier.»

Ich schwieg und schaute auf das faltige Gesicht des Hundes.

«Wenn Sie diesen Bluthund auf eine große Wiese führen und ihm ein blutiges Tuch zum Schnüffeln geben, was passiert dann, Giammarco?»

«Er nimmt die Fährte auf.»

«Richtig, er nimmt die Fährte auf und hört nicht auf, bevor er gefunden hat, was er sucht. Jetzt stellen Sie sich vor, Sie setzen einen kleinen Babybluthund auf die Wiese, nennen wir ihn Bluti, und lassen ihn an dem blutigen Tuch schnüffeln. Was passiert dann?»

Ich überlegte: «Er nimmt die Fährte auf, lässt sich aber ablenken.»

«Richtig, Giammarco», sagte der Chef und klang erleichtert darüber, dass es wohl doch noch Hoffnung für mich gab. «Bluti läuft über die Wiese und sieht einen Schmetterling links und eine Blume rechts und vergisst, was er eigentlich jagt. So sind Sie, Giammarco.»

«Verstehe.»

«Seien Sie ein großer Bluthund, Giammarco!»

Ich setzte mich wieder an meinen Platz und überlegte,

was ich da gerade gehört hatte. Und ob ich es verstanden hatte. Ich war so unsicher, ich hinterfragte, ob ich die richtigen Lektionen von meinen Lektionen lernte. Da meldete sich mein Computer mit einem lauten «Ping». Eine Mail vom Chef, leer, nur mit einem Bild im Anhang: ein kleiner, niedlicher Babybluthund.

Der US-amerikanische Schriftsteller Gore Vidal hat gerne gesagt: «*It's not enough to succeed; others must fail.*» Es reicht nicht, Erfolg zu haben, andere müssen scheitern. Ein schöner Satz, aber es schien mir schon immer ein besonders hoher Anspruch zu sein. Ich bin eher für eine Strategie der kleinen Siege: Manchmal ist es auch schön, Erfolg zu haben, ohne dass andere scheitern. Wenn allerdings der eigene Erfolg ausbleibt, kann es durchaus helfen zu sehen, wie andere so richtig versagen. Das ist vielleicht nicht sympathisch, aber wenn man am Boden ist, darf man nicht wählerisch sein.

Ich war jedenfalls nicht der Einzige, bei dem es nicht gut lief. Als ich eines Abends von der Arbeit kam, wie immer müde und kaputt, fand ich eine heulende Lara im Wohnzimmer sitzen. «Freundin», wimmerte sie, «Freundin.» Mir wurde klar, dass es um Carsten ging. «Er hat eine Freundin und mir nichts davon gesagt, der Penner.»

«Das tut mir leid», sagte ich und setzte mich zu ihr.

«Und die Kunsthochschule hat mich auch abgelehnt.»

«Oh nein.»

«Diese Arschlöcher», schluchzte sie, «die haben gesagt, dass meiner Bewerbungsmappe das künstlerische und ästhetische Verständnis fehlt.»

Ich legte meinen Arm um sie, war aber nicht überrascht. Weder über Carsten noch über die Uni. Lara hatte viele Wünsche und Träume, sie war nur nie bereit, unangenehme Dinge zu tun, um sie zu bekommen – weder sagte sie Carsten, wie sie empfand, noch steckte sie die nötige Zeit und Energie in ihre Bewerbung. Ich verstand ihren Schmerz, hatte aber kein Mitleid mit ihr. Meine Sympathie war jedoch groß genug, sie das nicht spüren zu lassen. Zumindest fast.

«Jetzt musst du zurück zur Privatuni und betteln, dass sie dich wieder nehmen.»

«Ich weiß», sagte sie genervt und wischte sich einen dicken Rotzfaden von der Nase.

Am nächsten Tag blieb ich zu Hause, um endlich einen Text zu schreiben, den ich schon wochenlang vor mir herschob. Darin sollte es um einen umstrittenen EU-Politiker gehen, dem seine Gegner alles Mögliche vorwarfen: Opportunismus, Unernst, manche sagten sogar, er sei ein Säufer. Mir war aufgefallen, dass der Politiker immer alle Leute anfasste, in der Öffentlichkeit und oft gegen deren Willen. Er umarmte, küsste und ohrfeigte sie. Der Chef hatte das Thema super gefunden, aber ich vermied es immer wieder anzufangen, weil ich keine Ahnung hatte, was für ein Text es werden sollte. Die Geschichte eines Mannes ... der Menschen anfasst? Doch als ich begann zu schreiben, funktionierte alles wie von selbst. Ich hatte unendlich viele Videos und Fotos des Politikers gesehen und musste einfach nur genau beschreiben, wie er sich verhielt. Es braucht weder kluge Gedanken noch scharfe Analysen noch besonders schöne Sätze. Ein angetrunkener Sechzigjähriger, der anderen Männern vor laufender Kamera Ohrfeigen verpasst –

das schien genau meine Kragenweite zu sein. Ich beendete den Text gegen Mittag, schickte ihn ab und machte mich auf den Weg in die Redaktion. Dort traf ich den Chef, der sehr überrascht davon war, dass ich mal einen Artikel fertig bekommen hatte.

Ich wartete in seinem Vorzimmer, während er bei offener Bürotür las. Es vergingen ein paar Minuten, dann hörte ich ihn kichern. Und noch mal kichern. Dann kam er aus seinem Büro gestürmt, rief: «Giammarco, Sie haben es geschafft!», und drückte mich an seinen massigen Körper. «Aber glauben Sie nicht, dass es das war. Sie bekommen noch Ihr Fett weg.» Wir setzten uns in sein Büro, schlossen die Tür und gingen den ganzen Text Absatz für Absatz durch. Der Chef sprudelte nur so vor Ideen und Vorschlägen, um den Text noch zu verbessern.

Meinen nächsten Text brachte ich noch in der Zeitung unter. Den darauffolgenden versaute ich wieder. Und den danach auch. Ungefähr zu dieser Zeit entwickelte ich auch ein paar seltsame Symptome. Zunächst begann meine Schulter schrecklich zu schmerzen, weswegen ich von meinem Arzt zur Physiotherapie geschickt wurde. Das konnte ich noch verstehen, wer gebückt durchs Leben geht, bekommt solche Probleme. Aber dann kam irgendwann das Gefühl einer starken Grippe hinzu, nur ohne Fieber, Husten oder Rotznase. Es war, als würde sich ein grauer Schleier über meinen Geist legen und alle Gedanken und Empfindungen dämpfen. Ich war wie ein Computer im abgesicherten Modus – jede etwas komplexere Rechenaufgabe hätte zu einem Systemcrash geführt. Ich blieb immer öfter zu Hause, wo ich in einer Art Dämmerschlaf auf meiner Matratze auf dem Fußboden lag.

Es war während einer dieser Phasen, als ich den entscheidenden Fehler machte.

Nach der gescheiterten Reportage über die Stadt in Franken hatte mich der Chef ermutigt, an der Sache dranzubleiben und zu versuchen, den Millionär zu sprechen. Irgendwann hatte ich tatsächlich Kontakt zu seiner Pressesprecherin hergestellt, die vorsichtige Bereitschaft signalisierte, mich aber – weil sie eine sehr gute Pressesprecherin war – mit Detailfragen und Verzögerungen zu Tode nervte. An einem Tag, an dem ich mal wieder mit dem grauen Schleier über dem Kopf auf meiner Matratze lag, erreichte mich ihre gefühlt fünfundzwanzigste Mail: Sie sei nun doch wieder sehr unsicher, was ein Treffen angehe, und würde gerne wissen, in welche Richtung das Gespräch gehen würde und mit welchen Leuten ich bei meinem ersten Besuch in der Stadt schon geredet hatte. Genervt und verschlafen antwortete ich ihr, nannte ihr ein paar Leute, mit denen ich mich bei meiner Recherche unterhalten hatte, und fügte ein paar *sehr* freundliche und beschwichtigende Worte hinzu. In ihrer nächsten Mail stand, dass ich den Millionär gerne treffen könnte, er aber nur für ein Frage-Antwort-Interview zur Verfügung stehe. Genervt und irgendwie erleichtert stimmte ich zu.

Das Interview wurde einer der vielen Texte, der nach mehrmaligem Überarbeiten in das schwarze Loch meiner Inkompetenz gesogen wurde. Ich hatte es schon vergessen, als Wochen später mal wieder eine Nachricht über den Millionär durch die Presse ging. Mein Chef wollte sofort einen Text für die nächste Woche über den Mann. Ich sollte die Zitate aus dem Interview verwenden, was ich tat. Doch als ich die Pressesprecherin freundlich darum bat, sie mir zu autorisieren, kopierte sie relativ abgeklärt unseren Mailverlauf in ihre Antwort und erinnerte daran, dass wir ein Interview abgesprochen hatten. Ich erklärte das Problem meinem Chef, woraufhin der meinen Mailverlauf lesen wollte. Ich war mir meiner Schuld sofort bewusst. Ich wusste, dass er die freundlichen Worte, die ich gegenüber der Pressefrau gewählt hatte, falsch und unprofessionell finden würde. Ich machte mich schon bereit, beschimpft zu werden, und war sogar der Meinung, dass ich es verdiente. Aber der Chef sagte nichts. Er besprach sich mit Kollegen, dann nahm er den Text aus dem Programm. Und als ich mich am Abend verabschiedete, weil ich die nächsten zwei Wochen freihatte, sagte er, ohne von seinem Schreibtisch aufzuschauen: «Schönen Urlaub, Herr Giammarco.»

Als ich in die Redaktion zurückkehrte, erklärte er mir, dass er meinen Vertrag kündigen werde. Er habe bis jetzt damit gewartet, um mir den Urlaub nicht zu versauen. «Ich bekomme von Ihnen einfach nicht mehr, was ich brauche.»

Ich war nicht überrascht. Es gab schon seit geraumer Zeit keinen Anlass mehr zu glauben, dass diese Sache positiv ausgehen würde. Ich war trotzdem wütend. Ich fühlte mich hintergangen. In eine Situation gebracht, in der ich letztendlich nur scheitern konnte. Fast ein ganzes Jahr an Frustration und Versagen hatten sich in mir angesammelt, und es gab einiges, was ich loswerden wollte.

«Verstehe», sagte ich und ging.

Als ich nach Hause kam, saßen Lara und Carsten im Wohnzimmer auf dem Boden, kifften und gucken eine Serie. Er war in den letzten Tagen immer öfter da, sie waren inzwischen doch ein Paar. Oder vielleicht auch nicht. Es war mir egal. Ich grüßte sie und ging in mein Zimmer. Dort rief ich meine Freundin in Hamburg an.

«Also», sagte ich, «du wolltest doch immer zusammenziehen ...»

Das Schwierigste daran, eine toxische Beziehung hinter sich zu lassen, ist, sich von der Frage der eigenen Schuld zu befreien: An welchen Stellen hätte man sich wehren oder beschweren sollen? Bei wie vielen Gelegenheiten hätte man einfach verschwinden können, heimlich, durchs Redaktionsfenster, ohne dass es jemand merkt? Und seit ich ein Kind habe, kommt noch hinzu: Wie mache ich meinen Sohn zu einem Menschen, dem so was nicht passiert?

Die letzte Frage ergibt Sinn, denn da geht es um die Zukunft, man kann also noch etwas beeinflussen. Ein guter Vater gibt die Lektionen des eigenen Lebens an seine Kinder weiter. Eine zentrale von mir lautet: Wenn dir jemand sagt: «Bringen Sie sich um», antworte *grundsätzlich*, dass die Person sich ins Knie ficken soll.

Aber für einen selbst hat die Suche nach der eigenen Schuld nur sehr begrenzten Wert. Denn auch wenn man erkennt, welchen Anteil man an einer Katastrophe hatte – dann ist sie einem halt immer noch passiert. Der Chef ist mir *passiert*. Es so zu sehen, erlaubt es mir zumindest anzuerkennen, was positiv an der Zeit mit ihm war. Was ich alles gelernt habe. Denn man konnte unglaublich viel lernen von dem Mann. Und er wollte einem unglaublich viel beibringen. Er schaffte es nur nicht, kein Arschloch dabei zu sein. Vielleicht wollte er es auch nicht.

Das klingt jetzt so, als würde ich doch einen Groll hegen. Aber ich kann das schon verstehen: Wenn mir eine Wahrsagerin vor meiner Karriere gesagt hätte, dass ich etwas richtig gut können werde, aber dafür ein Arschloch sein müsste, ich hätte den Deal wahrscheinlich angenommen. Damals jedenfalls.

Es so zu sehen, hat ein bisschen gedauert. Erst mal zog ich nach Hamburg in die kleine Wohnung meiner Freundin und begann mein Leben als arbeitsloser Journalist – und zwar im Bett: Ich lag viel rum und überlegte, ob es sich überhaupt lohnen würde, etwas mit mir anzufangen. Nie waren meine Ansprüche und Wünsche so weit von meiner Realität entfernt. Sie wieder einander anzunähern, klang nach einer ziemlich anstrengenden Angelegenheit. Es war keine sehr schöne Zeit, was vor allem an mir lag. Dass meine Beziehung damals nicht kaputtging, war meiner Frau geschuldet, die unglaublich viel Geduld mit mir hatte und mich nicht aus ihrer Wohnung warf. Vielleicht hatte sie aber auch einfach sehr viel zu tun. Ihre Karriere lief hervorragend.

Irgendwann fing ich wieder an zu arbeiten. Ich schrieb ein paar kleine Texte für kleine Honorare, und dann hörte ich, dass eine große Zeitung in Hamburg Leute suchte, um einen Newsletter mit Lokalnachrichten zu starten. Er würde unter dem Namen eines bekannten Redakteurs veröffentlicht werden, aber verfassen sollten ihn freie Autoren – und zwar für ein ordentliches Honorar. Als Ghostwriter für einen Newsletter zu schreiben, war Lichtjahre von dem entfernt, was ich mal erreichen wollte, aber ich bewarb mich trotzdem. Ich war an dem Geld sehr viel mehr interessiert als an dem Job. Außerdem war der Redakteur, der seinen Namen für die Sache hergab, sehr nett. Er war kein Magier und auch kein Sektenführer. Er war ein normaler Journalist, der seine Sache ordentlich machen wollte und dafür taugliche Arbeitskräfte brauchte. Wir trafen uns, und er fand mich ganz gut. Nach unserem Bewerbungsgespräch erklärte er mir, dass viele große Karrieren bei seiner Zeitung – immerhin der größten Wochenzeitung Deutschlands – in so kleinen Projekten angefangen hätten.

Ich nickte freundlich, gab ihm die Hand und stellte fest, dass der Bullshit-Detektor in meinem Kopf ganz laut klingelte.

ANLEITUNG ZUM
ANGSTHABEN

L ieber Sohn,
ich habe eine gute Nachricht für dich und eine schlechte. Die schlechte zuerst: Zu den wichtigsten Aufgaben eines Vaters gehört es, das Aufwachsen seines Kindes möglichst frei von Angst zu gestalten – und ich habe leider keine Ahnung, wie das geht. Die gute Nachricht ist allerdings, dass sich mir, in den fast zwei Jahren, die wir uns kennen, bisher eher das gegenteilige Problem gestellt hat. Du scheinst auf besorgniserregende Weise wenig Angst zu haben.

Du fürchtest dich zum Beispiel nicht vor Hunden. Eher findest du sie lustig und läufst ihnen hinterher, auch wenn sie aussehen, als könnten sie dich fressen. Wenn sie aber bellend auf dich zulaufen, um es zu versuchen, dann hebst du einfach den Arm und sagst streng: «NEIN!» Das reicht eigentlich immer, um sie aufzuhalten. Was lustig ist. Weil es nie reicht, um dich aufzuhalten.

Auch mit dem Einschlafen hast du keine Probleme. Oder mit Dunkelheit. Und leider auch nicht mit Feuer, Wasser oder Elektrizität. Ich erkläre mir das damit, dass ich als Vater einfach *zu* gute Arbeit geleistet habe. Denn du musst ja erst mal etwas Schlechtes erleben, bevor du vor irgendetwas Furcht entwickeln kannst.

Das war eine gute Theorie, bis du etwas Schlechtes erlebt hast und dir den Oberschenkel brachst, nachdem du erst auf einen Stuhl hinaufgeklettert – und dann hinuntergefallen warst. Die drei Wochen im Gips waren für uns beide sehr unangenehm, weil du dich erst überhaupt nicht bewegen konntest, dann aber unbedingt bewegen wolltest. Als der Gips endlich abkam und sich die verschwundenen Muskeln in deinem Bein nach ein paar Wochen wieder aufgebaut hatten, feiertest du das, indem du sofort wieder furchtlos auf den Stuhl geklettert bist, von dem du runtergefallen warst. Als ließe dich die ganze Erfahrung unberührt.

Das hat mich dann doch ein wenig überrascht: Denn in allen Erziehungsbüchern, die ich gelesen hatte (also: eins), stand, dass du dich vor allem deshalb ständig über Kleinigkeiten aufregst, weil dein Gehirn von jenem Teil dominiert wird, der für Gefühle zuständig ist. Dem sogenannten *limbischen System*. Die Hirnregion jedoch, die für den Umgang und die Kontrolle dieser Gefühle zuständig ist, der *präfrontale Cortex*, ist in deinem Alter noch überhaupt nicht ausgeprägt.

Was bedeutet, dass deine Amygdala nicht richtig funktioniert. Oder dass du mit zwei schon die Großhirnrinde eines Fünfjährigen hast.

Ich bin kein Hirnforscher (tut mir übrigens leid). Meine Diagnose könnte falsch sein. Lass mich dir also lieber noch mal erklären, wie das mit der Angst nach meiner Erfahrung funktioniert.

Wenn man klein ist, etwa so wie du, und etwas Schlimmes erlebt, dann brennt sich diese Erfahrung in das Nervensystem ein. Du solltest dir also sehr genau überlegen, wovor du dich das erste Mal richtig erschrecken willst. Es wird dich für immer begleiten. Manche Menschen fürchten sich vor Hunden, was das Leben ein bisschen kompliziert macht, denn die gibt es überall. Andere wiederum haben eine Urangst vor Clowns. Auf die stößt man seltener. Wenn es aber passiert, ist es allen immer ein bisschen peinlich. Einem selbst, denen, die Angst haben, und den Clowns.

In meinem Fall sind es Fahrgeschäfte in Vergnügungsparks. Schon wenn ich sie sehe, befällt mich großes Unwohlsein. Als ich etwa vier Jahre alt war, nahm mich jemand auf eine Wildwasserrutsche mit. Zunächst fand ich das aufregend. Als es jedoch plötzlich steil abwärtsging, fühlte es sich so an, als würde jemand gewaltsam meinen Torso öffnen und meine Organe mit einem Stabmixer pürieren.

Das war sehr unangenehm. Und als ich realisierte, dass auf die erste Abfahrt noch eine zweite folgte, verkroch ich mich im Bug des baustammförmigen Plastikbootes, in dem wir saßen. Leider konnte ich auch dort spüren, wie die Beschleunigung meinen Körper zersetzte. Das Nächste, an das ich mich erinnere, ist, dass ich mich weinend auf dem Arm von jemandem befand und mir eine Tafel Schokolade in den Mund geschoben wurde. Aber keine Sorge, das wird dir niemals passieren. Heute wissen Eltern, welche verheerenden Auswirkungen Zucker auf kleine Kinder hat.

Ich werde dich nie allein lassen mit deinen Ängsten, versprochen. Wie wichtig das ist, lernte ich im Jahr nach dem Fiasko mit der Wildwasserbahn, als wir erneut denselben Vergnügungspark besuchten. Ich weiß, das mag aus deiner Sicht unverständlich klingen – aber glaub mir, *irgendwas* muss man mit Kindern im Urlaub unternehmen. Diesmal vermied ich alle steilen Fahrgeschäfte. Als sich dein Onkel jedoch an der Schlange für das Geisterhaus anstellte, quengelte ich so lange, bis deine Großmutter mich mitgehen ließ. Als ich eine gefühlte Ewigkeit später am anderen Ende des Geisterhauses aus dem Dunkeln ins Helle trat, in Tränen aufgelöst, krampfhaft die Hand deines Onkels haltend, musste ich mich zwangsläufig fragen, ob das die ganze Schokolade wirklich wert war.

Von diesem Tag an hatte ich schreckliche Angst vor Vampiren. Ein besonders gruseliges Exemplar mit langen spitzen Zähnen war mir in einer dunklen Ecke vor die Nase gesprungen. In den folgenden Wochen fiel es mir sehr schwer einzuschlafen. Zu groß war die Angst, dass ein bluttrinkender Vampir in mein Zimmer kommen würde, um mich bis auf den letzten Tropfen auszusaugen wie eine Packung Capri-Sonne. Es war aber gar nicht die Erwartung der Schmerzen, die mir so Angst machte, oder die Vorstellung der scharfen Zähne, die sich in meinen weichen Kinderhals bohrten. Vielmehr graute es mir davor, mich durch den Biss selbst in einen Vampir zu verwandeln und mein gemütliches, behütetes Kinderleben samt meinen Eltern hinter mir lassen zu müssen.

Dein Onkel versuchte, mir zu helfen, indem er mir ein Kruzifix gab. Er sagte, das würde Vampire vertreiben. Es half nicht. Also nahm er das Kruzifix wieder weg und legte mir stattdessen einen seiner Baseballschläger ins Bett. Von da an schlief ich jeden Abend friedlich ein. Für mein kleines Kinderhirn ergab es sehr viel Sinn, dass ich ein blutsaugendes Monster eher mit einem dicken Knüppel vertreiben würde als mit einem Kreuz mit einem nackten Typen drauf. Es war ein deutliches Zeichen, dass mein präfrontaler Cortex langsam, aber sicher dicker wurde.

Ich habe leider noch eine weitere schlechte Nachricht: Egal wie gut sich dein Gehirn entwickelt, die Angst wird nie weggehen. Das Beste, was du erwarten kannst, ist, dass sie weniger schlimm wird. Du lernst, sie im Zaun zu halten. Meiner Erfahrung nach helfen Filme dabei. Allerdings nicht die für Kinder, auch wenn das etwas widersprüchlich klingt. Im Gegenteil: Kinderfilme wie *Dumbo* (1941), *Bambi* (1942) oder *Der König der Löwen* (1994) werden tiefe Wunden in deine Seele reißen, von denen du dich nie wieder erholst.

Meine Angst vor Vampiren hatte ich spätestens unter Kontrolle, als ich *Interview mit einem Vampir* (1994) sah. Irgendwie nahm mir der Anblick eines gepuderten Tom Cruise, der einem langhaarigen Brad Pitt am Hals rumknabbert, das Unwohlsein – es ist schwer, das jemandem zu erklären, der nicht weiß, wer diese beiden Männer sind. Spätestens als ich *From Dusk Till Dawn* (1996) sah, fand ich Vampire sogar ziemlich faszinierend. Was wahrscheinlich an Salma Hayek lag. Aber das gehört in einen anderen Brief, den ich dir vielleicht noch schreiben werde.

Filme wirken wie eine Art Expositionstherapie: Es ist einfach sehr schwer, Angst vor Serienkillern zu haben, wenn man *Scream* (1996) einmal zu Ende geguckt hat. Das Tolle ist, dass Filme nicht mal gut sein müssen, um einem zu helfen. Auch die durchschnittlichen und schlechten haben ihre Wirkung. Zombies und Untote etwa verlieren ihren Schrecken, wenn man die mittelmäßigen Computeranimationen aus *Die Mumie* (1999) und *I am Legend* (2007) sieht.

Meine nächste große Angst hatte ich vor Außerirdischen – passenderweise hatte ich lange Zeit keinen Film gesehen, in denen sie vorkamen. Ich fürchtete mich vor ihren großen Augen, ihrer Fremdheit und davor, dass sie mich aus dem Schoß meiner Familie entführen würden. Leider teilte meine Familie diese Angst nicht.

«Die Außerirdischen kommen nicht ins Haus», sagte deine Großmutter zu mir, als ich mich eines Sommers jeden Abend weigerte, ins Bett zu gehen.

«Doch, doch», sagte dein etwas schadenfroher Großonkel, «die ziehen dich mit ihren Strahlen durch die Wand.» Er klang nicht besonders besorgt.

Meine Angst vor Aliens war so groß, dass ich mich erst gar nicht traute, Filme anzusehen, in denen sie eine Rolle spielten. Als deine Großmutter mir *E. T.* (1982) zeigen wollte – vielleicht, um mir die Angst zu nehmen –, lehnte ich dankend ab. Ein Fehler, wie ich im Nachhinein feststellte. Einer der Lieblingsfilme deines Großvaters war schon immer *Alien* (1979). Den durfte ich nicht sehen, aber weil dein Großvater immer ein Leuchten in den Augen bekam, wenn er von dem Film sprach, wollte ich alles darüber wissen – und drängte ihn, mir davon zu erzählen. Also beschrieb er das zwei Meter große Wesen, das mit seiner Umgebung zu verschmelzen schien, das im Körper von Menschen heranwuchs und die Crew eines Raumschiffes einen nach dem anderen in dunkle Luftschächte zerrte. Das Unheimliche und gleichzeitig Tollste an dem Film, erklärte er, sei der Umstand, dass man das Monster die meiste Zeit überhaupt nicht sehe. Was mir wiederum mehr Angst einjagte als all die anderen schrecklichen Dinge, von denen er mir erzählte.

Und so lag ich jahrelang wach in meinem Bett und fürchtete mich vor einem großen, schwarzen Außerirdischen mit penisförmigem Kopf, der sich in der Dunkelheit versteckt. Aber auch diese Angst verschwand, weil ich dann doch begann, die *Alien*-Filme zu gucken. Ich fing mit den schlechten an, *Alien Resurrection* (1994) und *Alien vs. Predator* (2004), und machte weiter mit *Aliens* (1986). In jedem Film war mehr von dem Monster zu sehen, und mit jedem Film verlor es seinen Schrecken. Als ich irgendwann den ersten Teil sah, war ich ganz froh, dass mein Vater ihn mir nie gezeigt hatte. Eine Gnade, die deiner Großmutter nicht zuteilgeworden war. Dein Großvater nahm sie damals mit ins Kino, ohne ihr zu sagen, was sie erwarten würde. Die erste Stunde fand sie spannend, bis die Crew des Raumschiffes beim Frühstück sitzt und das Baby-Alien gewaltsam aus der Brust von John Hurt herausplatzt und alle am Tisch mit Blut bespritzt. Ab diesem Moment hielt sich deine Großmutter für den Rest des Films die Augen zu.

Zum Glück erklärte ihr niemand, dass diese Szene eine Metapher für die Brutalität einer Geburt darstellen sollte. Sonst hätte es mich ein paar Jahre später vielleicht gar nicht gegeben. Ein beängstigender Gedanke. Für uns beide.

Einen kleinen Lichtblick gibt es doch: Zumindest theoretisch wirst du mit etwa sechzehn Jahren – gestärkt durch meine Unterstützung, genügend Filme und deine fort-schreitende Hirnentwicklung – erneut in eine Phase der re-lativen Angstfreiheit und Unbekümmertheit eintreten kön-nen. Das hoffe ich zumindest. Mir gelang es damals nicht. Ich ging stattdessen zu meinem Freund Karl und rauchte ein paar Joints. Als spät am Abend alle gegangen waren und ich an Karls Computer rumspielte, klingelte das Telefon – es war Karls neue Freundin. Ich konnte hören, wie seine Stimme sofort leise und süßlich wurde.

«Ja, der ist hier», sagte er ins Telefon.

Ich sah vom Computer hoch zu Karl, der auf seinem Bett saß, das Telefon am Ohr. In der Dunkelheit sah es so aus, als würde er mich anstarren.

«Ja, wir können ihm den Kopf abschneiden ... und ihn dann vergraben.»

Versteh mich nicht falsch: Ich war nicht so bekifft zu glauben, dass Karl das wirklich gesagt hatte. Aber ich war nüchtern genug, um mich sehr darüber zu erschrecken, dass ich es gehört hatte. Und diese Angst, dass irgendwas mit *mir* nicht stimmt, war neu. Sie traf mich härter und unmittel-barer als alles, was ich zuvor erlebt hatte.

Ich stand auf, rief Karl zu, ich müsste gehen, und stürmte aus seiner Wohnung. Auf dem Weg nach Hause raste mein Herz, ich war wackelig auf den Beinen, und meine Hals-schlagader pulsierte so stark, dass ich fürchtete, sie würde jeden Moment einem unbeteiligten Passanten entgegen-platzen.

Zu Hause angekommen, wurden meine Symptome nicht besser, weswegen ich deine Großmutter zu mir ins Zimmer rief. Ich beschrieb ihr, wie ich den Abend verbracht hatte, und sie erklärte mir im Gegenzug, was eine Panikattacke war. Ich erinnere mich noch gut an das Gespräch, weil es in meiner Erinnerung eines der wenigen zwischen uns war, bei dem sie sich aktiv nach vorne lehnte. Etwas, was sie bei dir ständig macht. Hinterher hörte ich trotzdem nicht auf zu kiffen, was in deinen Ohren wahrscheinlich ziemlich unvernünftig klingt. Aber weißt du, Cannabis dünnt die Großhirnrinde aus. Es war also nicht ganz meine Schuld.

Wenn du das Glück hast, so eine Erfahrung nicht zu machen, wirst du einige Jahre deiner Pubertät vielleicht sogar genießen können. Bis du dann in die «erwachsene» Phase der Angst eintrittst. Du magst es jetzt noch nicht glauben, aber sie ist die härteste und perfideste von allen. Denn plötzlich wirst du dich nur noch vor Dingen fürchten, die überhaupt nicht gruselig sind. Manche Menschen haben Geldsorgen, andere fürchten sich vor so banalen Sachen wie U-Bahn-fahren. Fast jeder hat irgendwie Angst davor, unbeliebt zu sein oder etwas nicht zu können. Das Lustige ist, dass man die Fähigkeit verliert, diese Dinge mit dem Gefühl der Angst in Verbindung zu bringen. Man spürt das Unwohlsein, weiß aber gar nicht mehr, woher es kommt. Und wenn es schlecht läuft, beginnt man, aktiv jene Dinge zu verfolgen, die solche Gefühle bei einem auslösen – man führt eine Beziehung, beginnt einen neuen Job oder gründet eine Familie.

Das Schlimme an dieser Sorte Angst ist, dass man sehr lange mit ihr leben kann. Was sie der Angst der Kindheit allerdings voraushat, ist, dass man sich nicht mehr fürchtet, ins Bett zu gehen, sondern die Dunkelheit als eine willkommene Erlösung wahrnimmt.

Der Witz an der Sache ist: Irgendwann geht alles wieder von vorne los. Und zwar, wenn man ein Kind bekommt. Nicht nur weil man wieder Angst vor den Nächten hat. Sondern auch weil sich die Angst von einem selbst wieder auf die Außenwelt richtet. Nur dass es jetzt das Wohl des Kindes ist, um das man sich Sorgen macht.

Die Bedrohungen, vor denen man sich fürchtet, sind genauso unrealistisch wie Vampire oder angeborene Herzfehler – und trotzdem fühlt man sie. Wenn ich, als du noch ein Säugling warst, deinen Kinderwagen kurz auf der Straße stehen ließ, um die Haustür zu schließen, hatte ich Angst, dass du entführt wirst. Wenn ich dich zu unserer Wohnung hochtrug, stellte ich mir vor, wie du dich aus meinem Arm windest, drei Stockwerke das Treppenhaus runterfällst und auf dem Steinboden aufprallst. Und wenn du auf meinen Schultern saßt, dachte ich immer, ich werde stolpern und du wirst dabei zielgenau auf einen spitzen Zaunpfahl stürzen und aufgespießt werden. Einmal sah ich beim Aufräumen den offen stehenden Wäschetrockner und stellte mir ein paar Minuten vor, wie schrecklich es wäre, wenn du hineinklettern und ich ihn aus Versehen anstellen würde. Zweieinhalb Stunden Schontrockengang. Ich wollte nicht daran denken, aber ich konnte nichts dagegen tun.

Seitdem es dich gibt, begleitet mich die Angst fast täglich. Mein Gehirn denkt sich die lächerlichsten Szenarien aus, in denen dir schreckliche Dinge widerfahren. Mal ganz abgesehen von den Bedrohungen, die realistisch sind. Immerhin könntest du von einem Auto überfahren werden. Oder von einem Stuhl fallen und dir was brechen. Sorry dafür, übrigens.

In gewisser Weise schreibe ich dir diesen Brief viel zu früh. Denn ich kann dir zwar mit deinen Ängsten helfen, aber ich habe noch nicht so richtig verstanden, wie ich mir selbst helfen soll. Vielleicht muss ich mich auch bei dieser Sache einfach auf Filme verlassen. Es gibt nur ein Problem: Filme über Außerirdische gibt es viele. Es ist aber gar nicht so einfach, welche zu finden, in denen Kindern schreckliche Dinge passieren. Ein paar gibt es, zum Beispiel *A Quiet Place* (2018), *Mystic River* (2003), *Antichrist* (2009), *Sophie's Choice* (1982) oder *The Mist* (2007). Gesehen habe ich davon aber noch keinen. Vielleicht warte ich auch noch ein bisschen und schaue sie mir dann mit dir gemeinsam an. Ich glaube nämlich, allein traue ich mich nicht.

WIE GEHT'S EUCH, MÄNNER?

Wie sich herausstellt, ist Vaterwerden eine ziemlich einfache Sache. Man tut wenig und bekommt sehr viel dafür. Also, ich meine: zusätzlich zum Kind. Das hört sich erst mal schön an, aber die Frage ist, ob man auch wirklich alles will.

Sehr angenehm ist, dass man plötzlich mit ungewohntem Verständnis und Respekt behandelt wird. Ältere Männer sehen sich selbst in einem und erinnern sich daran, wie sie damals Väter wurden. Ältere Frauen hingegen mögen einen, weil man sie nicht an ihre Männer erinnert. Junge Frauen finden einen gut, weil sie fortpflanzungswillige Männer generell sympathisch finden. Und junge Männer bewahren zwar erst mal eine respektvolle Distanz, sind aber eigentlich ebenfalls sehr interessiert. Denn *irgendwann* (jetzt noch nicht) wollen sie auch Kinder haben. Und jeder Mann, der erfolgreich in das Team der Vaterschaft aufgenommen wurde, gibt ihnen das Gefühl, es eines Tages auch schaffen zu können.

Aber hier liegt das Problem: Es hat seine Vorteile, zu einer Mannschaft zu gehören – einfach in eine reingesteckt zu werden, ist ein bisschen unangenehm. Bei mir zumindest löst es Widerstand aus. Ich bemerkte das bereits vor der Geburt meines Sohnes, als auf der Arbeit jemand zu mir sagte: «Du wirst bald Papa ... dann ändert sich alles.» Ich war überrascht davon, wie viel Unbehagen dieses Wort in mir auslöste – *Papa*. Was soll man antworten, wenn man so angesprochen wird? «Rede nicht so mit mir, sonst trete ich dir in den Pimmelmann»? So spricht man nicht mit seinen Vorgesetzten.

Vor allem stellte sich heraus, dass es nicht stimmte. So viel änderte sich auch wieder nicht, als mein Sohn auf die Welt kam. Ich war nicht plötzlich in Besitz einer neuen Identität. Vaterschaft war nicht mit einer besonderen Einstellung oder einer spezifischen Geisteshaltung verbunden. Ich hatte ehrlich gesagt keine Ahnung, was andere Männer, die Kinder hatten, so beschäftigte. Ich las keine Artikel über Erziehung, hörte keine Podcasts für Väter, und von sogenannten *Dadfluencern*, die ihre Vaterschaft auf Instagram auslebten, erfuhr ich nur von befreundeten Müttern, die sich dauernd über sie aufregten. Ich kann mich nicht erinnern, in meiner Elternzeit jemals das Bedürfnis gehabt zu haben, mich mit anderen Vätern auszutauschen. Ich fand meine eigene Erfahrung irgendwie interessant genug.

Und trotzdem war ich unleugbar einer von *ihnen*. Ein Papa. Ich hatte einen inzwischen 85 Zentimeter großen, 12 Kilo schweren unumstößlichen Beweis. Und wahrscheinlich gehört es sich für einen guten Vater, eine Vorstellung davon zu haben, wie es anderen Vätern so geht. Vor allem für einen, der ein Buch über das Vaterwerden schreibt. Ich beschloss also, etwas zu ändern.

Ich fuhr mit dem Zug einmal quer durch Deutschland, mitten hinein in den Thüringer Wald. Im Internet war ich auf ein mehrtägiges Seminar für Väter gestoßen. Es war die Rede von einem «intensiven Wochenende» mit «echtem Austausch» und «berührender Verbundenheit». Und das alles in einer «historischen Umgebung». Das Seminar fand auf einem alten Rittergut statt.

Adressiert war das Ganze an Väter, die «souveräner und entspannter» werden wollten, die ihre «Verbindung zum Kind vertiefen» und «sich selbst und das Vatersein ernst nehmen» wollten. Mir schien das eine hervorragende Gelegenheit, meinen bisherigen Vaterkontakt-Mangel zu beheben. Und wer weiß, vielleicht würde ich ja auch das ein oder andere über mich lernen. Ich überwies also einen mittelhohen dreistelligen Betrag (Teilnahme plus Verpflegung) an das angegebene Konto, kaufte mir das zum Thema passende Buch des Seminarleiters und machte mich auf den Weg.

Irgendwie freute ich mich auf die vor mir liegenden Tage. Was vielleicht an den Männern lag, die am Tisch quer gegenüber von mir im Zug saßen. Vier Hamburger in ihren Siebzigern, die einen Ausflug machten. Sie hatten mehrere Liter Cola dabei, die sie aus mitgebrachten Pappbechern tranken, welche sie wiederum immer heimlich unter dem Tisch mit Whiskey auffüllten. Die Männer waren unglaublich laut und lustig. Sie quatschten jeden an, der vorbeikam, machten dumme Witze, über die sie selbst am herzhaftesten lachten, und nahmen sich die ganze Zeit gegenseitig auf den Arm. Sie tranken und sprachen über die wichtigen Themen: Fußball, ihre Kinder, dass sie den Medien nichts mehr glauben würden, wie sehr sie sich ihren Ruhestand verdient hatten und –

natürlich – Geld. Der ganze Waggon mochte sie. Die Frau, die mit ihrem Sohn unterwegs war und am Tisch neben ihnen saß, genauso wie die Frau, die versuchte sich auf eine offensichtlich langweilige Videokonferenz zu konzentrieren. Die Einzigen, die genervt schienen von den alten Hamburgern, waren zwei Jugendliche, die hinter ihnen saßen und laut ihre TikTok-Videos guckten. Was die Hamburger dem Rest des Waggons gleich noch viel sympathischer machte.

Als einer von ihnen bemerkte, dass ich sie beobachtete, hielt er mir einen leeren Becher entgegen und fragte: «Auch 'n Schluck?»

«Danke, aber ich muss noch arbeiten», sagte ich.

«Na, dann ist das hier genau richtig.» Er füllte den Becher mit Cola. «Wir trinken *Coffee Black*.» Dann gab er ihn an seinen Kollegen weiter, der das Getränk kurz unter dem Tisch verschwinden ließ und mir dann entgegenhielt.

«Ach so, Coffee Black», sagte ich und nahm den Becher.

«Genau, das macht den Geist frei. Da kannst du besser arbeiten.»

Ich lehnte mich zurück und begann, das Vater-Buch des Seminarleiters zu lesen, während der Alkohol in meinem Körper langsam das vertraute Gefühl verbreitete, in Watte gepackt zu sein. Es war sehr angenehm. Als ich das nächste Mal aufschaute, hatten die Männer ihre Whiskey-Flasche geleert und damit begonnen, Skat zu spielen. Sie waren tief in ihre Sitze gerutscht, und zwei von ihnen teilten sich eine Lesebrille, um ihre Karten erkennen zu können. Männer sind einfach geil, dachte ich mir, als ich sie dort sitzen sah – und war sicher, dass mir ein lustiges Wochenende bevorstehen würde.

Der *Coffee Black* trug mich durch den Rest der Fahrt. Nach zwei Zugwechseln landete ich in einem Ort irgendwo zwischen Jena und Erfurt, der so klein war, dass der Bahnhof nur ein einziges Gleis hatte.

Es hatte angefangen zu regnen, was nicht schlimm war, das Rittergut war nur wenige Meter entfernt. Als ich das alte Gebäude am Ende des langen Hofes betrat, stellte ich fest, dass ich einer der Ersten war. Dirk, der Seminarleiter, begrüßte mich und wies mich an, mir die Schuhe auszuziehen. Ich schüttelte den beiden anderen Männern, die schon da waren, zurückhaltend die Hand. Wir standen rum, machten Small Talk und wiesen alle Neuankömmlinge so lange darauf hin, sich bitte ebenfalls die Schuhe auszuziehen, bis der Sneaker-Stapel im Eingang groß genug war, dass man es von allein kapierte. Auf den ersten Blick ließen sich die anwesenden Väter in genau zwei Kategorien einteilen. Jene, die keine Sekunde daran dachten, Hausschuhe mitzubringen. Und die, die selbstverständlich welche dabeihatten.

Mit der Zeit ließen sich noch weitere Unterscheidungen machen. Es folgt eine kurzer, nicht auf Vollständigkeit angelegter Überblick: Da waren die *Job-Papas*, hart arbeitend und erfolgreich. Chirurgen, Unternehmensberater, Ingenieure. Sie waren ausnahmslos mit dem Auto gekommen. Eine Unterkategorie waren die *Baden-Württemberg-Papas*, die erfüllten alle Kriterien der *Job-Papas*, aber mit einem schwäbischen Flair. Dann waren da die *jungen Papas*, sie sahen aus, als könnten sie die Kinder des ein oder anderen *Job-Papas* sein. Überschneidungen mit dieser Gruppe gab es in der Kategorie der *Ost-Papas*. Sie hatten die kürzeste Anfahrt, insgesamt den meisten Nachwuchs und waren kulturell-ästhetisch eher links. Dann waren da noch die *achtsamen Papas*, die sich bewusst ernährten und bereits so seminarerprobt waren, dass sie fast mehr Begriffe und Methoden kannten als der Seminarleiter. Und schließlich die *Millennial-Papas*, zu denen ich gehörte. Sie waren in den Dreißigern, hatten maximal zwei Kinder, befanden sich noch im ersten Drittel ihrer Karrieren und machten generell den Eindruck, noch nicht ganz bereit zu sein, das Leben der Zwanzigjährigen hinter sich zu lassen. Einer von ihnen kam als Letztes auf dem Rittergut an, in Radklamotten. Er hatte die Gelegenheit genutzt, die 450 Kilometer zum Seminar mit dem Rennrad zu fahren. Aber irgendwann hatten seine Beine nicht mehr mitgemacht, und er musste die letzten 100 Kilometer den Zug nehmen. Als er das erzählte, war eine gewisse Unzufriedenheit mit sich selbst in seiner Stimme zu hören.

Als schließlich alle da waren, gab es Abendbrot. Neben Aufstrich hatte Dirk Wurst, Käse und Butter besorgt, alles in der veganen Variante, Tierwohl war ihm ein wichtiges Anliegen. Der Small Talk setzte sich auch am Esstisch fort, was mich gar nicht störte. Nur mit den Themen war ich nicht einverstanden. Ich hätte gerne über Fußball gesprochen oder das Wetter. Aber dies hier war ein Seminar für Familienmänner, und so entwickelte sich zu meiner Überraschung rasch die Art von passiv-aggressiv angespannter Unterhaltung, die ich sonst nur aus Erzählungen von Müttern kannte.

«Ist schon krass, wie Kinder auf Süßigkeiten abgehen, oder?», sagte einer der Ost-Papas, während er sich sein Brot mit Nutella beschmierte.

«Die Erfahrung habe ich nicht», antwortete ein Job-Papa mit gespielter Sachlichkeit, «meine Frau stellt einfach immer einen Teller mit frisch geschnittenem Obst hin. Die Mädels lieben das.»

«Hm. Ach so. Nee, bei uns gibt es immer Ärger wegen Süßem», sagte der Ost-Papa kleinlaut.

«Meine Mädels wollen gar nichts anderes», sagte der Job-Papa, ohne auf ihn einzugehen. «Die sagen immer: ‹Mama, Mama, können wir bitte noch einen Apfel haben?›»

Ich kaute auf meinem Brot herum und schwieg, bis Dirk aufstand und das Wort ergriff. «Männer!», sagte er. «Ich freue mich, dass ihr alle hier seid.» Er würde jetzt hochgehen in den ersten Stock, den Seminarraum vorbereiten, gleich gebe es noch eine kurze Vorstellungsrunde. Morgen würden wir dann richtig loslegen, und am Abend dürften wir uns dann auch mal was gönnen. «Ich habe mit den Leuten vom Rittergut gesprochen, wir können die Sauna anschmeißen. Und ich habe ein paar Kästen alkoholfreies Bier besorgt. Aber ich würde euch wirklich bitten, die bis morgen aufzusparen.»

«Gibt es wirklich nur alkoholfreies Bier?», fragte ich.

Ja, antwortete Dirk, das sei ihm lieber. Er wollte nicht, dass wir uns mit Alkohol ablenken. «Weißt du, wir Männer trinken viel zu oft einfach Bier, anstatt uns mal selbst richtig zu spüren», sagte er. Dann ging er nach oben.

Als wir den Seminarraum *zweieinhalb* Stunden später wieder verließen, war es dunkel geworden. Dirk, der in der Nähe wohnte, fuhr nach Hause, um für den nächsten Tag ausgeschlafen zu sein. Auch ich suchte mir in einem der großen Mehrbettzimmer, in denen wir die nächsten zwei Nächte verbringen würden, einen Schlafplatz. Ich hätte auch in die Küche gehen können, wo sich einige Männer noch unterhielten und besser kennenlernten – aber ich hätte keine Ahnung gehabt, worüber ich mit ihnen sprechen sollte. Als ich Stunden später immer noch wach im Dunkeln lag und der erste meiner fünf Zimmergenossen anfing zu schnarchen, bemerkte ich, wie nervös mich die Vorstellung machte, ein ganzes Wochenende mit einem Haufen Fremder, einer Sauna und keinem Alkohol verbringen zu müssen. Ein bisschen weniger zu spüren, dachte ich, wäre jetzt eigentlich ganz hilfreich. Männer können einfach so schrecklich unangenehm sein.

Am nächsten Morgen hatte Dirk den Seminarraum um einen Gong, eine Klangschale und einen Teller mit brennenden Räucherstäbchen erweitert. Sie standen in der Mitte des Stuhlkreises, den wir am Vortag geformt hatten. Während wir langsam zu unseren Plätzen trotteten, spielte Dirk laut Musik über eine Bluetooth-Box. Einen Song der deutschen Sängerin Sarah Lesch, in dem es mit einer für mein Empfinden eher unangenehmen Direktheit darum ging, das innere Kind zu finden und sich nicht von der auf Effizienz und Funktionieren ausgerichteten Erwachsenenwelt kaputtmachen zu lassen. Im weiteren Verlauf des Seminars sollte Dirk uns noch ein paar solcher Songs vorspielen.

Als das Lied zu Ende war, sah er andächtig in die Runde.

«Na, wie geht's euch, Männer?»

Es war eine rhetorische Frage. Die Vorstellungsrunde am Vorabend hatte auch deswegen so lange gedauert, weil alle Teilnehmer nacheinander erklären sollten, wie sie auf das Seminar gestoßen waren – und warum genau sie teilnahmen. Am Anfang war das recht witzig gewesen: Ein großer

Teil der Männer war hier, weil ihre Frauen ihnen die Teilnahme geschenkt hatten. Einem wurde schon vor geraumer Zeit gesagt, er solle sich das Wochenende blocken. Bis zum Morgen des Seminars dachte er, er würde Karten für ein Hockeyspiel bekommen. Und auch die Beschreibungen ihrer Anliegen waren zunächst locker und sympathisch. Einer der Job-Papas erklärte: «Wir heirateten, dann bekamen wir unser erstes Kind, dann unser zweites Kind, und dann merkte ich, dass ich eigentlich ganz gerne allein bin.»

Aber mit der Zeit waren die Erklärungen ernster geworden – und länger. Es brach aus den Leuten heraus. Als ich an der Reihe war, erzählte ich meine Geschichte, von dem Moment, als ich erfahren hatte, dass ich einen Sohn bekam. Und dem Gefühl, einige Erfahrungen, die ich überwunden zu haben glaubte, noch mal durchleben zu müssen. Ich erntete freundliche Blicke für meinen Bericht. Aber in keinem der Gesichter, die mich anschauten, konnte ich auch nur eine Spur Wiedererkennung entdecken. Mein «Problem» schien vor allem mein Problem zu sein. Lediglich der Millennial-Papa, der mit dem Rennrad gekommen war, konnte eine ähnliche Erfahrung vorweisen. Er erklärt, dass auch seine Probleme, mit seiner Freundin Kinder zu bekommen, auf sein schlechtes Sperma zurückzuführen waren. Anders als ich hatte er sich aber nicht operieren lassen. Es war nicht nötig. Beim Fußball trat ihm jemand mal so fest in die Eier, dass eine Arterie platzte und er mehrere Tage im Krankenhaus verbringen musste. Danach klappte es plötzlich mit den Kindern. Ich war froh für ihn, bevorzugte aber meine eigene Methode.

Im Gegensatz zu meinem Redebeitrag ernteten die Geschichten der meisten anderen Väter verständnisvolles Nicken in der Runde. Die Männer erkannten ihre eigenen Erfahrungen in den Berichten der anderen wieder: Ihre Themen waren auf bemerkenswerte Weise unterschiedlich und ähnlich zugleich. Unterschiedlich, weil die familiären Situationen sehr individuell waren. Manche Väter hatten nur ein Kind, andere gleich sechs, was in sich schon eine Herausforderung darstellte. Manche hatten Stiefkinder, Pflegekinder, Adoptivkinder. Die einen waren verheiratet, die anderen nicht. Einer lebte, soweit ich es verstand, in einer polyamorösen Beziehung. Fast alle waren berufstätig, nur einer war Hausmann und kümmerte sich um die Kinder.

Ähnlich waren sie, weil es im Grunde immer um dieselben zwei Themen ging: Wut und Partnerschaft. Jeder der Männer konnte von Erfahrungen mit Aggression und Affektkontrolle berichten. Alle, mich eingeschlossen, kannten das Gefühl, unter immensen inneren Druck zu geraten, wenn die Dinge nicht so liefen, wie man wollte, was eigentlich immer hieß, dass die Kinder nicht taten, was sie sollten. Manche wurden in solchen Situationen laut, andere zogen sich zurück, wiederum andere schmissen Zeug um sich. Einer der Männer war so ungeduldig, dass ihm seine Frau ein Ultimatum setzte, entweder er bekomme seine Wut in den Griff oder die Beziehung stehe auf dem Spiel. Das Seminar war so etwas wie seine letzte Chance.

Viele Männer sprachen sehr wertschätzend über ihre Frauen, die oft den Großteil der Kinderbetreuung übernahmen. Manche fühlten sich ihnen geradezu unterlegen und berichteten ehrfürchtig von ihren Kinder-Kompetenzen. Wiederum andere hatten Partnerinnen, die so ängstlich waren, dass es den Männern vorkam, zusätzlich zu den Kindern auch noch für das Wohl ihrer Frauen zuständig zu sein. Nicht wenige aber fühlten sich unfair behandelt, nicht ernst genommen und durch die engere und tiefere Beziehung, die ihre Frauen zu den Kindern hatten, daran erinnert, dass sie so etwas wie Eltern zweiter Klasse waren. Einer der Männer berichtete, wie seine Frau ständig intervenierte, wenn das Kind sich weigerte, sich von ihm anziehen zu lassen. «Die mischt sich ein und nimmt mir die Interaktion mit meinem Sohn», sagte er mit aufrichtigem Zorn.

Zum Auftakt des zweiten Tages hatte Dirk sich eine Übung ausgedacht. Er platzierte zwei Zettel auf unterschiedlichen Seiten des Raumes, auf einem stand eine Eins, auf dem anderen eine Zehn. Dann begann er, uns Fragen zu stellen. Wir sollten uns dort aufstellen, wo wir uns selbst auf einer Skala zwischen eins und zehn verorten würden.

«Wie gestresst fühlt ihr euch in eurer aktuellen Situation?»

Stühlerücken. Platzsuchen. Männer verteilten sich im Raum. Ich stellte mich auf die Zwei.

«Wie sehr fühlt ihr euch auf Augenhöhe mit euren Partnerinnen?», fragte Dirk.

Durcheinander. Ich stellte mich auf die Neun.

«Wie nah fühlt ihr euch eurem Kind?»

Füße trappelten. Männer-Ellbogen stießen aneinander. Alle suchten ihre Plätze. Die meisten Väter positionierten sich irgendwo zwischen drei und sechs im Raum. Ich konnte das gut sehen, weil ich auf der falschen Seite der Zehn stand. Dort, wo ich die Elf vermutete.

Zu der Zeit, als ich das Seminar besuchte, hatte sich schon länger herauskristallisiert, dass ich eine etwas untypische Rolle für mein Kind eingenommen hatte. Untypisch zumindest gemessen an den allgemeinen Erwartungen, die man an Eltern-Kind-Beziehungen so hat. Ich war zum *Go-to-Parent* avanciert. Wenn unser Sohn sich wehtat, wenn es ihm schlecht ging oder er sonst irgendwie das Bedürfnis nach Schutz oder Nähe verspürte, wollte er meistens zu mir. Was nicht heißt, dass er sich mit meiner Frau nicht verstand – im Gegenteil, teilweise konnte er mit ihr sehr viel lustigere Dinge erleben. Aber wenn es hart auf hart kam, war ich das Muttertier.

Ich kann nur sagen, dass ich überhaupt nichts Besonderes getan hatte, um diesen Status zu erlangen. Im Nachhinein lag es einfach daran, zu welchem Zeitpunkt ich Elternzeit gemacht hatte und wie lang. Es stand für meine Frau nie zur Debatte, dass ich nicht mindestens die Hälfte der Kinderbetreuung übernehmen würde, und wie sich herausstellte, hatte ich damit einen hervorragenden Deal gemacht. Während sie den Winter über mit einem Baby zu Hause hockte, begann meine Elternzeit im Sommer – und in einer Phase, in der das Baby langsam zum Kleinkind wurde. So konnte ich alle seine Entwicklungsschritte aus nächster Nähe miterleben: das erste Krabbeln, das erste Aufstehen. Ich war dabei, als er herausfand, was er gut konnte und was nicht, was er gerne aß (Sand) und was ihm nicht so schmeckte (Hühnchen). Ich hatte einen Platz in der ersten Reihe seiner Menschwerdung.

Das Ganze war nicht ohne Schwierigkeiten. Erstens weil Menschwerdung mit unglaublich vielen Stürzen verbunden ist. Und zweitens weil Menschen einfach furchtbar anstrengend sind. Mit jedem Tag entwickelten sich seine Persönlichkeit und seine Präferenzen. Irgendwann begann er, den Kopf zu schütteln, was alles nur noch komplizierter machte. Nicht nur weil er nun seinen eigenen Willen artikulieren konnte. Sondern auch weil er mit voller Absicht gegen seinen eigenen Willen agierte. Er lehnte Dinge ab, die er eigentlich mochte, einfach nur weil er realisierte, dass er ablehnen konnte. Einmal erwischte ich ihn dabei, wie er allein auf dem Bett in einem leeren Zimmer saß, die Wand anstarrte und den Kopf schüttelte. So als würde er üben.

Aber die Nähe und die Intensität unserer Beziehung hatten natürlich Vorteile. Vor allem den, dass ich Einfluss nehmen konnte. Ich bestimmte, was er anzog, was er zu essen vorgesetzt bekam, welche Bücher ihm vorgelesen wurden und auf welche Spielplätze er ging. Ich entschied, was zu gefährlich war und was in Ordnung. Und wenn es ihm schlecht ging, war es meine Aufgabe, ihn zu trösten. Wie groß mein Einfluss war, konnte man vor allem an all den negativen Eigenschaften erkennen, die er von mir übernahm. Nachdem ich einen Sommer lang mit ihm die Fußballweltmeisterschaft im Fernsehen geguckt hatte, wusste er plötzlich, wie eine Fernbedienung funktioniert. Er lernte recht schnell, mir mein Smartphone aus der Hosentasche zu klauen. Und bis heute kann er an keiner Bierflasche vorbeigehen, ohne mit ihr zu spielen. Ich weiß, es ist ein schreckliches Klischee: Väter und Bier. Aber es hat ein paar lustige Fotos produziert.

Mit der Zeit tat ich, was alle privilegierten Menschen tun – ich entwickelte eine Anspruchshaltung. Bei dem vie-

len Einfluss, den ich hatte, war ich mir ziemlich sicher, dass
«Papa» das erste Wort meines Kindes werden würde – was
mir gefiel. Denn ich hatte grundsätzlich gar kein Problem
mit dem Begriff. Es kam nur darauf an, wer ihn benutzte.
Zu meiner großen Überraschung gab es aber noch andere
Menschen, die möglichst früh im Wortschatz meines Sohnes vorkommen wollten. An erster Stelle natürlich meine
Frau – «Sag mal Ma-ma!» –, aber damit hatte ich gerechnet.
Dann stieg plötzlich meine Mutter in das Spiel mit ein – «Sag
mal O-ma!». Dann meine Schwester, die dem Jungen ständig ihren Namen vorsang. Und mein Bruder, der dem Kind
immerfort den Namen des Hundes meiner Schwester vor-
sagte. Er hätte es sehr lustig gefunden, wäre das sein erstes
Wort geworden. Mein Vater war in der ganzen Sache eher bescheiden. Ihm war es egal, wann das Kind Opa sagen würde.
Dafür betete er ihm ständig die Namen irgendwelcher Ski-
fahrer vor: «Sag mal Luuuund Svin-dal.»

Als das Kind endlich anfing zu sprechen, war sein erstes
Wort natürlich Mama. Meine Frau freute sich sehr, war aber
auch verständnisvoll. «Mach dir nichts draus, das ist bei
vielen Kindern so», sagte sie und tätschelte mir die Schulter.
Dabei war ich gar nicht traurig. Denn ich war mir ziemlich
sicher, er hatte mich gemeint.

Im Laufe des zweiten Seminartages wurde noch mal deutlich, dass die meisten Männer mit sehr viel praktischeren
und alltäglicheren Anliegen gekommen waren als ich. Besonders fiel mir das in den Pausen auf, die ich gerne dazu
genutzt hätte, auch mal über Belangloses zu sprechen.
Aber ich fand nie jemanden, weil sich die Männer immer in

kleinen Gruppen zusammentaten, um sich weiter über ihre Vaterschaft und die Themen des Seminars auszutauschen. Es war, also wollten sie ihre Zeit möglichst effizient nutzen. Wie Schüler, die sich in der Pause auf die nächste Stunde vorbereiten.

Es war nicht zu leugnen: Die Männer, die in dieser Runde saßen, waren verantwortungsbewusste, engagierte Väter. Sie liebten ihre Kinder. Sie lasen die richtigen Bücher, abonnierten Erziehungskanäle und folgten Eltern-Influencern. Sie hatten von sehr vielen Dingen sehr viel mehr Ahnung als ich. Sie kannten die neuesten Studien zur Sicherheit von Kindern in Autos und erklärten mir, warum man keine gebrauchten Kindersitze verwendet. Dieses eine Lied aus *Die Eiskönigin* konnten sie auswendig.

Sie wollten, dass ihre Kinder unter optimalen Bedingungen aufwuchsen, und waren bereit, sich dafür zu bilden. «Wir machen GfK», sagte der ein oder andere immer wieder, und ich brauchte einen halben Tag, um zu verstehen, dass das «Gewaltfreie Kommunikation» bedeutete. Die Männer, die in dieser Runde saßen, waren sich bewusst, wie wichtig der Einfluss war, den sie auf ihre Kinder hatten. Sie knieten sich hin, wenn sie mit ihnen sprachen, um ihnen auf Augenhöhe zu begegnen. Sie wussten, dass man Kinder ermutigen und nicht loben soll, damit sie lernen, Dinge aus Eigenmotivation zu tun. Wenn ihre Söhne und Töchter auf dem Spielplatz von der Spitze des Klettergerüsts riefen: «Guck mal, Papa!», sagten sie nicht: «Gut gemacht», sondern: «Ich sehe dich».

Aber das Ganze schien auch eine Schattenseite zu haben. Ihr Wunsch, ein *guter* Vater zu sein, konfrontierte alle auch mit der Möglichkeit, ein schlechter zu werden. Das machte sie nicht unbedingt souveräner. Allein wie manche von Gewaltfreier Kommunikation sprachen – sorry, GfK –, klang, als würden sie sich auf eine Gebrauchsanweisung beziehen und nicht auf ein loses Handlungskonzept. Es gab in der Gruppe ein großes Bedürfnis, Verhaltenskriterien zu definieren, die man dann abarbeiten konnte. Nicht wenige der Männer wollten ständig irgendwelche Szenarien durchspielen, um dann die richtigen Strategien, die korrekte Abfolge von Handgriffen zu finden: Du hast fünf Kinder, zwei Badezimmer, aber nur drei Hocker für das Waschbecken. Das älteste Kind ist elf, das jüngste Kind zwei. Das älteste Mädchen hat einen Husten. Und der mittlere Junge humpelt, seit er heute Morgen auf dem Spielplatz gefallen ist. Wie bringst du sie alle dazu, ohne zu meckern Zähne zu putzen: *go!*

Ich konnte sie natürlich verstehen, denn ich kannte das Gefühl. Nur eben in jedem *anderen* Lebensbereich. Ich weiß nicht, wie oft ich vor einem Text gesessen und das Bedürfnis gehabt hatte, *«how to write funny article»* bei Google einzugeben. Ich weiß auch nicht mehr, wie oft ich es tatsächlich tat. Und ein Buch zu schreiben, war auch deshalb eine unheimliche Vorstellung, weil ich sehr viele Bücher von Menschen gelesen hatte, die ich bewunderte, was meine Ansprüche unangenehm in die Höhe schraubte. Gleichzeitig hatte ich noch nie einen Vater gesehen und mir gedacht: *So möchte ich werden.* Was vielleicht daran lag, dass die Väter, die ich aus Filmen und Serien kannte, meistens böse oder dumm waren. Und wenn sie doch zu den Guten gehörten, so wie Mufasa aus dem *König der Löwen*, dann sah man ja, was es ihnen brachte. Ich persönlich empfand den Umstand, keine Vorbilder – oder gar Standards – zu haben, jedenfalls irgendwie als befreiend.

Was nicht heißt, dass mir die gelegentlichen Sorge- und Hysterie-Anfälle fremd waren, im Gegenteil. Aber für einen großen Teil meiner Elternzeit hatte ich das Gefühl, dass ich dem Kind die meiste Arbeit überlassen konnte. Ich setzte ihn in den Sandkasten und ließ ihn loskrabbeln. Zu den anderen Kindern, die ihn manchmal nicht mitspielen ließen, was ihn nicht störte. Meistens aber zu den anderen Müttern, die ihn viel süßer fanden als ihre eigenen Kinder. Als er in die Kita kam, dauerte es gefühlt eine Woche, bis er morgens, ohne sich noch einmal zu mir umzudrehen, in den Gruppenraum krabbelte. Ich konnte es verstehen. Die Kindergärtnerinnen waren sehr viel lustiger als ich.

Ich hatte nie Zweifel daran, das Beste für meinen Sohn zu wollen. Ich hatte nur nicht das Gefühl, dafür besonders viel tun zu müssen – und das auch noch zur Schau zu stellen. Als das Kind mit sieben Monaten zum ersten Mal flog, begrüßte uns ein freundlicher Flugbegleiter mit den Worten: «Sie drei gehören sicher zusammen.» Ich seufzte, zeigte auf das Baby und sagte: «Na ja, *jetzt* komme ich aus der Sache nicht mehr raus.» Nicht nur lachte der Mann nicht, es war, als machte die Enttäuschung auf seinem Gesicht ein Geräusch. Wie ein Orchester, das abrupt aufhört zu spielen, sodass man glaubt, die Stille hören zu können. Den Rest des Fluges würdigte er mich keines Blickes. Meine Frau hingegen bekam Extra-Erdnüsse. Weil Mütter einfach immer bevorzugt werden.

Am Abend des zweiten Tages endeten wir genau dort, wo Dirk es vorausgesagt hatte: in der Sauna des Ritterguts mit einem Kasten alkoholfreien Bieres. Am Anfang teilte ich mir die Sauna mit einem der Achtsamkeits-Papas und einem der engagierten jungen Väter, der offensichtlich großen Respekt vor den Seminar-Erfahrungen des Älteren hatte.

«Was ich dir eh schon die ganze Zeit sagen wollte: Ich glaube, du bist in vieler Hinsicht viel weiter als wir», sagte er.

«Ach», antwortete der achtsame Papa und erklärte, dass er sich lediglich schon lange mit sich selbst beschäftigen würde. Gerade letztens habe er an einem sogenannten *New-Warrior-Workshop* teilgenommen, einem Selbsterfahrungs-seminar für Männer. Das habe ihm sehr geholfen: «Weißt du, ich war ein Kaiserschnitt-Baby, eigentlich lief alles okay, aber ich war einfach zu schwach, um durch den Gebärmut-terhals zu kommen. Bei dem Training hatte ich dann meine Wiedergeburt. Ich habe mich nackt ausgezogen, und die anderen Teilnehmer haben mit Kissen und Polstern den Ge-burtskanal simuliert. Da musste ich mich durchkämpfen. So bin ich dann noch einmal aktiv, durch meine eigene Kraft auf die Welt gekommen.»

Der junge Papa war beeindruckt und überlegte offensicht-lich, das Training in sein Arsenal der Selbstoptimierung aufzunehmen. Ich persönlich war unsicher, ob ein weiteres theoretisches Konzept wirklich hilfreich sein würde. Aber ich behielt es für mich. Niemand ist unbeliebter als derjeni-ge, der dauernd Lösungen parat hat. Und mir war bewusst, dass die Aussage «Mach dir einfach weniger Gedanken, dann läuft es von alleine» sich etwa auf demselben Niveau bewegte wie «Also, meine Kinder mögen gar keine Süßig-keiten». Selbst wenn es stimmt, sollte man es lieber für sich behalten.

Überhaupt zeigte dieses Seminar, dass fast alle Männer dort die Art von Problemen hatten, die sich gut gemeinten Ratschlägen entzogen. Als ich einem der Millennials-Papas von meiner Elternzeit erzählte und beschrieb, wie sehr es mir geholfen hatte, sah er mich nur müde an. «Das wäre bei uns nicht gegangen, als meine Frau schwanger war, begannen wir gerade, ein Haus zu bauen. Und weil das teuer war, erledigte ich die meisten Arbeiten.» Ich verkniff mir die Frage, warum er nicht einfach zur Miete wohnte.

Genauso wie ich es mir schnell untersagte, den Job-Papas zu sagen, sie sollten doch einfach reduzieren. Oder die Ost-Papas zu fragen, warum sie sich nicht mehr Hilfe von ihren Familien holten, wo sie doch so viele Kinder hatten. Der Vater, der Hausmann war und darüber immer ein bisschen grantig wirkte, war, wie sich herausstellte, nicht freiwillig in seiner Situation. Als er nach seiner Elternzeit mit reduzierter Stundenzahl in seinen Job zurückkehren wollte, sagte man ihm, er solle sich doch besser nach einer anderen Stelle umschauen. Doch was mich an diesem Wochenende am meisten schockierte, war, dass viele der Männer berichteten, keine Freunde zu haben, mit denen sie über diese Dinge sprechen konnten. Da wurde mir plötzlich klar, warum sie in den Pausen immer die Köpfe zusammensteckten.

Irgendwann im Laufe des Abends – ich war bei meinem fünften Aufguss und dritten Bier angekommen –, ergab die Sauna-Konstellation, dass ich mit zwei Männern zusammensaß, die beide Pflegekinder in ihre Familien aufgenommen hatten. Sie begannen darüber zu sprechen, wie schwierig das manchmal war und aus wie vielen Bindungen so ein kleines Kind herausgerissen wird, bevor es bei einer Familie landet. «Erst wurde er der Mutter weggenommen und landete beim Opa. Dann musste er vom Opa wieder weg, weil der zu alt war, um sich zu kümmern, und landete bei uns», erzählte einer der Väter. «Stell dir vor: Du bist zwei Jahre alt, und jede Bezugsperson, die du jemals hattest, hat dich verlassen.» Ich merkte, wie es in der Sauna von Minute zu Minute unangenehmer wurde, und ich hatte den Verdacht, dass es nicht an der Hitze lag. Durch die Glastür konnte ich mein Bier auf dem Tisch stehen sehen, aber das hätte mir auch nicht geholfen. Ich schmiss mir also mein Handtuch über die Schulter, verließ die Sauna und trat nach draußen, an die frische Luft.

Es hatte angefangen zu regnen. Ich dampfte einige Minuten in der Dunkelheit, bis einer der Väter zu mir nach draußen trat.

«Sorry, wenn das eben ein bisschen viel war», sagte er.

«Kein Problem, mir war nur heiß», log ich. Was ein Fehler war. Denn jetzt erzählte der Mann weiter.

«Es ist einfach nur hart mit dem Kleinen, weißt du. Er ist eigentlich der Sohn meiner Schwägerin. Die war selbst ein Frühchen. Als sie auf die Welt kam, gaben ihr die Ärzte keine Überlebenschance. Aber sie hat sich durchgekämpft. Allerdings trug sie eine geistige Beeinträchtigung davon. Sie ist nicht behindert oder so. Aber eine Intelligenzminderung hat sie schon. Die Ärzte sagten damals, Menschen wie sie seien fast immer steril. Deswegen machte sich auch niemand Sorgen, als sie in die Pubertät kam und einen Sexualtrieb entwickelte. Aber die Ärzte lagen falsch. Sie wurde schwanger, und man konnte ihr das Kind ja nicht einfach wegnehmen. Also blieb er zunächst bei ihr. Es war schlimm. Sie konnte und wollte sich überhaupt nicht richtig kümmern. Als der Junge eins war, ließ sie ihn allein zu Hause, um Zigaretten kaufen zu gehen. Stell dir das mal vor. Irgendwann kam sie gar nicht mehr nach Hause. So landete der Junge bei uns.»

«Oh Mann», sagte ich, weil mir einfach nichts anderes einfiel.

«Das Schlimmste ist, sie hat weitergemacht. Ein zweites Kind lebt bei seinem Vater. Und sie hat ein drittes, mit einem Typen, der gerade aus dem Knast rausgekommen ist.»

So standen wir da, nackt im Regen, mit unseren Bierflaschen in der Hand, und mir fiel noch ein Ratschlag ein, den man am besten für sich behalten sollte: Ja, es hilft, ein unglaublich lockerer Vater zu sein, der die Dinge nimmt, wie sie kommen. Aber Schwein zu haben, ist auch eine richtig gute Sache.

Am Morgen des dritten und letzten Tages war die Stimmung in der Runde ein wenig angefasst. Was eine nette Art ist zu sagen, dass die Männer von zwei Tagen Introspektion, Rollenspielen und der regelmäßigen Beschallung mit melancholisch-poetischen Sophie-Hunger- und Gisbert-zu-Knyphausen-Songs emotional komplett zerbröselt waren. Sie starrten auf den Boden. Atmeten schwer. Dem ein oder anderen brach beim Sprechen die Stimme. Ein über die vergangenen Tage relativ emotionslos wirkender Lehrer musste sich in die Faust beißen, als er versuchte, eine Geschichte über seine Tochter zu erzählen. «Sorry, heute ist es irgendwie schwer», sagte er, als sei das Wetter daran schuld, dass er plötzlich etwas fühlte.

Im Gegensatz zum Vortag, an dem Dirk immer nach Freiwilligen suchen musste, die etwas erzählen mochten, meldeten sich die Männer jetzt von allein, um Dinge mit der Gruppe zu teilen. Alle waren jetzt bereit, die emotionalen Wunden ihrer Vaterschaft anzuerkennen. Sie wollten es sogar.

In der Pause steckten die einzelnen Väter wieder in kleinen Gruppen die Köpfe zusammen, um sich auszutauschen. Ich hatte niemanden zum Reden. Was in Ordnung war. Ich hatte genug. Ich war bereit, nach Hause zu fahren. Es war nicht so, dass ich von dem Seminar genervt gewesen wäre. Aber es war Zeit, die ich nicht mit meinem Kind verbrachte.

Da sah mich einer der Job-Papas, der ebenfalls verloren im Raum rumstand, und kam schnell auf mich zu.

«Kann ich dir kurz was erzählen?», fragte er aufgeregt.

«Klar», sagte ich und dachte, er wolle mir irgendetwas berichten, das er rausgefunden hatte. Dass Dirk in Wahrheit gar keine Kinder oder er selbst zwei Väter beim heimlichen Knutschen hinterm Haus erwischt hatte.

Aber statt zu erzählen, ging der Mann schnurstracks in das Nebenzimmer. Ich folgte ihm und sah, dass er sich in einer entfernten Ecke positioniert hatte. Ich stellte mich zu ihm.

«Ich war letztens mit meiner Frau und meinem Sohn bei einer Kindertherapeutin. Da ging es um so Affektkontrolle ... jedenfalls sagte die Therapeutin, sie könne zwei Methoden anwenden. Eine sanftere, die sei aber langsam. Und eine schnellere, die aber anfangs eine gegensätzliche Reaktion hervorrufen würde. Die also dazu führt, dass das Kind erst mal widerspenstiger wird. Und ich bin ja ein effizienter Typ, weißt du. Ich dachte, wir müssen das Problem eh angehen. Warum also nicht die schnelle Version. Ich sagte meiner Frau, wir sollten die zweite Methode nehmen. Und dann ...»

Er begann zu schluchzen. Ich hatte keine Ahnung, was geschah. Aber ihm schossen die Tränen in die Augen.

«...und dann hat sie gesagt ... sie hat gesagt: ‹Ist ja klar, dass du das sagst. Du musst das ja auch nicht ausbaden.› Und ... und das hat mich *so* getroffen. Weil das genau das ist, wovor ich Angst habe.»

Ich wusste nicht, was ich tun sollte. Es sah so aus, als sollte ich ihn umarmen. Aber ich musste schon übermenschliche Kraft aufbringen, um den Augenkontakt aufrechtzuerhalten.

Zum Glück beruhigte sich der Mann langsam wieder und wischte sich die Tränen aus dem Gesicht. «Wahrscheinlich sollte ich erst mal mit meiner Frau reden. Damit sie weiß, dass ich so fühle.»

Von mir kam kein Widerspruch. Aber auch sonst nicht viel. Allerdings sah uns einer der anderen Väter und kam dazu. Er legte dem weinenden Mann sanft die Hand auf die Schulter. «Alles in Ordnung?», fragte er.

Der traurige Job-Papa nickte. «Ja, jetzt ist alles wieder in Ordnung, danke. Francesco hat gut zugehört.»

Zum Ende des Seminars wollte Dirk noch ein paar Abschiedsworte sprechen. Er begann mit einem Klassiker: «Na, wie geht's euch, Männer?» Dann bedankte er sich für die Mitarbeit, die Mühe und die Offenheit der vergangenen Tage. Er sagte, er sei stolz, «so viele tolle Papas» zu kennen. Es störte mich immer noch, das zu hören. Aber es war nicht mehr ganz so schlimm.

«Wenn ihr nur eine Lektion mitnehmt von diesem Wochenende», sagte Dirk, «dann die folgende: Achtet darauf, wie es euch geht. Seit etwas gnädiger und nachsichtiger mit euch.»

Die Männer in der Runde nickten und murmelten zustimmend. Aber ich war irgendwie nicht einverstanden. Auch wenn ich selbst bereit war, mir Dirks Ratschlag zu Herzen zu nehmen, hatte ich jetzt das Gefühl, dass die ganzen Väter, die hier saßen, diese lustigen und traurigen Männer, ein bisschen Nachsicht vom Rest der Welt verdient hatten. Irgendwann im Laufe der vergangenen zwei Tage mussten sich bei mir Beschützergefühle entwickelt haben.

Dann war der offizielle Teil des Seminars vorbei, und ich beschloss, einen früheren Zug zu nehmen. Nachdem ich den Thüringer Wald wieder verlassen hatte, stieg ich in den ICE Richtung Hamburg. In Leipzig setzte sich ein Pärchen zu mir an den Tisch, ein Brite, der mit einer Deutschen zusammen war. Er war sehr gut angezogen und unglaublich höflich. Es war ihm unendlich peinlich, einen älteren Herrn wegzuschicken, der auf seinem reservierten Platz saß. Seine Frau hatte überhaupt keine Probleme damit.

So saßen wir da, aber der Zug fuhr nicht los. Eine Durchsage erklärte uns, dass sich die Abfahrt aufgrund einer technischen Störung verzögern würde. «*Welcome to* Deutsche Bahn», sagte der Brite, griff in seinen Rucksack und stellte eine Dose Bier auf den Tisch.

«Geiler Typ», dachte ich und stand sofort auf, um mir im Bordbistro auch eins zu kaufen. Vielleicht könnte ich ja mit dem Mann gemeinsam trinken, überlegte ich, dann würde die Fahrt wie im Flug vergehen. Leider war die Schlange vor dem Bordbistro sehr lang, und als ich zurückkam, war der Brite mit seinem Bier schon fertig. Ich war also allein.

Als ich vier Stunden später in Hamburg ankam, warteten meine Frau und mein Sohn am Bahnsteig auf mich. Er lächelte glücklich, als er mich sah. Ich nahm ihn auf den Arm, drückte seinen kleinen Körper an mich und trug ihn nach Hause, bestens gelaunt und in Watte gepackt von den drei Bieren, die ich auf der Fahrt getrunken hatte. Aber keine Sorge. Ich habe trotzdem was gespürt.

DANK

Mein erster Dank gilt Christoph, wie versprochen. Weil er immer gesagt hat, ich sollte mal ein Buch schreiben.

Ich danke meiner Frau, meinen Eltern und meinen Geschwistern, die es alle (manchmal) mit großer Geduld und Sportlichkeit hinnehmen, dass ich über mein und somit auch ihr Privatleben schreibe. Ich kann nicht anders, ihr seid halt so lustig.

Meinen Freundinnen und Freunden (ihr wisst, wer ihr seid), die unvermeidlich Teil der hier vorliegenden Erinnerungen sind. Ich bin sehr froh, dass ich euch habe. Und ich weiß, dass ihr alle eure eigenen Geschichten mit euch rumtragt. Ich hoffe, dass ich sie eines Tages, wenn mir die Ideen ausgehen, für meine Zwecke ausschlachten darf. Ich meine, den Gefallen könnt ihr mir schon tun.

Ein großer Dank geht an die Menschen, die dieses Buch überhaupt möglich gemacht haben. Julia Suchorski, Hanna Leitgeb, den Rowohlt Verlag und die Rauchzeichen Agentur.

Und natürlich an Imke Rösing, die eigentliche Heldin dieses ganzen Unterfangens. Weil sie einfach immer wieder nachgefragt hat, auch wenn mir tausend Gründe eingefallen sind, warum ich kein Buch schreiben sollte. Danke.